改訂 福祉の
「職場研修」マニュアル

福祉人材育成のための実践手引

社会福祉法人　全国社会福祉協議会

は じ め に

　社会福祉事業従事者の確保を図り、国民に必要な福祉サービスを適切に提供することを目的に、1993（平成5）年4月、「社会福祉事業に従事する者の確保を図るための措置に関する基本的な指針」（「福祉人材確保指針」）が厚生大臣告示されました。その翌年度、全国社会福祉協議会では「在宅福祉サービス従事者の職場内研修のあり方に関する調査研究委員会」（橋本泰子委員長・現大正大学名誉教授）を設置し、すべての福祉職場がそれぞれの組織に根ざした手作りの職場研修を整備し、すすめていくことが大切であるという基本的考え方に立ち、その実現を願って各法人・職場が職員の資質向上の取り組みを支援するマニュアルを作成しました。それが1995（平成7）年9月に刊行した本マニュアルの前身である『福祉の「職場研修」マニュアル〜福祉人材育成のための実践手引き〜』（以下、「初版マニュアル」）です。

　初版マニュアルは、刊行以来約20年の間、福祉職場における「職場研修」の推進方法を具体的に示した初の手引書として、多くの法人・事業所、都道府県・指定都市研修実施機関などにおいて活用されてきました。

　しかしながら、この間、少子高齢化がいっそう進むなか、国民の福祉・介護サービスへのニーズが増大かつ高度化するとともに、福祉職場においては高い離職率を背景に人材不足が生じています。このような状況の中で、将来にわたって福祉・介護ニーズに的確に対応できる人材を安定的に確保していく観点から、「福祉人材確保指針」の見直しが行われ、2007（平成19）年8月には「新人材確保指針」が厚生労働大臣告示されました。

　この新指針においては、人材確保のために講ずべき措置の1つとして、キャリアアップの仕組みの構築があげられました。具体的には、福祉・介護サービス分野における従事者のキャリアパスを構築すること、キャリアパスに対応した生涯を通じた研修体系の構築をはかるとともに、施設長や従事者に対する研修等の充実を図ること、などとされています。

　このような近年の福祉人材の育成・確保の取り組みを踏まえ、今般、本会が実施する「職場研修担当者研修会」の講師を長年務めていただき、前記の調査研究委員会幹事でもあった宮崎民雄氏（㈱ナレッジ・マネジメント・ケア研究所統括フェロー）のご協力を得て、初版マニュアルを改訂する運びとなりました。

　改訂にあたりましては、新人材確保指針に掲げられたキャリアパス構築の必要性を踏まえてその視点を追加し、2012（平成24）年度に本会が開発した「福祉職員キャリアパス対応生涯研修課程」の内容に対応したものといたしました。

　法人・事業所における職場研修をより一層効果的なものとし、人材の育成・定着をすすめるために、本マニュアルをぜひご活用ください。そして、今後さらに充実したものとするために、皆さまからのご意見をお聞かせいただければ幸いです。

2016年6月

社会福祉法人 全国社会福祉協議会

本マニュアルの活用にあたって

1　福祉の職場研修に関心をもつあらゆる人が活用できます

　本マニュアルは、福祉の職場研修の概説書として、これに関心をもつ人であれば誰でも、それぞれの立場で活用できるものです。そして、職場研修をすすめる担当者が手引き書として役立てられるように、実務の手順にそって記述しています。

　職場研修担当者の主な役割については、基礎編の「ポイント5」や「ポイント10」、実践編では「ステップ1」等を参照して、概略を理解してください。

2　「基礎編」と「実践編」の2部構成です

　本マニュアルは「基礎編」と「実践編」から構成されています。

　「基礎編」では、福祉職場における人材育成の意義や方向性、職場研修の基本的な考え方、職場研修の仕組みや推進の手順を10ポイントにまとめています。「実践編」に入る前の入門編として、主な項目には必ず目を通してください。

　「実践編」は、研修管理の実務を、職場研修のPDCAサイクルにそって25のステップで構成しています。順を追い、ステップを踏んで読みすすめてください。

3　各項目とも「見開き2ページ読み切り」で、図表を豊富に使って編集しています

　必要な部分だけを選んで活用できるように、すべての項目（ページ）を「見開き2ページ読み切り（完結）」で編集し、右ページには必ず図表を入れて、理解しやすい構成にしています。

　また、「実践編」には、実務に役立つように「モデルシート」や「推進例」を掲載していますので、参考にしてください。

4　項目に優先順位をつけて、3つのレベルに分けています

　「基礎編」「実践編」とも、すべての項目を、次の3つのいずれかに分類しました。それぞれの職場の状況に応じて、使い分けてください。

①「★★★」は、「すべての職場で取り組みたい項目」です。理解を深め、ぜひ、実践しましょう。（16項目）

②「★★」は、「できれば取り組みたい項目」です。ここまで到達すれば、かなり高い水準です。「★★★」の次の努力目標として活用しましょう。（16項目）

③「★」は、職場研修の実践を「さらに充実するための参考項目」です。必要に応じて参照してください。（16項目）

5　「福祉職員キャリアパス対応生涯研修課程」に対応しています

　本マニュアルは、全国社会福祉協議会が開発した「福祉職員キャリアパス対応生涯研修課程」の内容に対応しています。

Contents

★★★ ＝すべての職場で取り組みたい項目
★★☆ ＝できれば取り組みたい項目
★☆☆ ＝さらに充実するための参考項目

はじめに
本マニュアルの活用にあたって
社会人として学ぶことの意義－ 4 つの輪

基礎編 ● 職場研修推進の考え方

★★★ ポイント1 『職場研修』の重要性を認識する ……………………………………… 2
★★★ ポイント2 福祉の人材育成に共通する理念と目標をおさえる ……………………… 4
★★★ ポイント3 求められる職員像を明確に描く …………………………………………… 6
★★★ ポイント4 職場研修のニーズを把握する …………………………………………… 8
★★★ ポイント5 職場ぐるみで役割を担う ………………………………………………… 10
★★★ ポイント6 職場研修の仕組みを理解する …………………………………………… 12
★★☆ ポイント7 OJT（職務を通じての研修）をすすめる ……………………………… 14
★★☆ ポイント8 OFF-JT（職務を離れての研修）をすすめる ………………………… 16
★★☆ ポイント9 SDS（自己啓発支援制度）をすすめる ……………………………… 18
★★☆ ポイント10 職場研修推進の手順をおさえる ………………………………………… 20

実践編 ● 職場研修推進の実際

第1章 職場研修の実施体制を整える ……………………………………………… 23

★★★ ステップ1 研修担当者を選任し、役割を明確にする …………………………… 24
★★☆ ステップ2 職場研修の理念・方針を策定する ……………………………………… 26
★★☆ ステップ3 職場研修の体系を構想する ……………………………………………… 28
★★☆ ステップ4 『職場研修実施要綱』を策定する ……………………………………… 30

第2章 年度研修計画を策定する …………………………………………………… 33

★★★ ステップ5 年度研修計画策定の手順をおさえる …………………………………… 34
★★☆ ステップ6 『職場研修計画・評価シート』を作成する …………………………… 36
★★☆ ステップ7 『年間スケジュール表』を作成し、職員へ周知する ………………… 38
★★☆ ステップ8 『個人研修（OJT）計画・評価シート』を作成する ………………… 40
★☆☆ ステップ9 『生涯研修（キャリアアップ）計画シート』を作成する …………… 42

第3章 OJTを推進する 45

★★★ ステップ10 OJTとは何かのコンセプトを共有すること 46
★★★ ステップ11 OJTの推進体制を明確にする 48
★★★ ステップ12 ①「日常の機会指導」を意識的に実践する 50
★☆☆ ② 効果的な指導方法を徹底する 52
★★☆ ③「集団指導」のOJTを意識的に推進する 54
★☆☆ ④ 育成マインドの醸成を図る 56
★☆☆ ⑤「ほめ方、注意の仕方」に留意する 58
★☆☆ ⑥ 対象別・目的別のOJTを効果的に実践する 60
★★☆ ステップ13 ①「意図的・計画的指導」を実践する 62
★☆☆ ② 初任者の指導に「OJTリーダー」をつける 64

第4章 OFF-JTを推進する 67

★★★ ステップ14 年度計画に基づきOFF-JTを推進する 68
★★★ ステップ15 ① 職場内集合研修を推進する 70
★☆☆ ② 階層別・職種別の研修プログラムを実施する 72
★☆☆ ③ 外部講師による研修プログラムを実施する 74
★☆☆ ④ 実践研究・学習するチームづくりを推進する 76
★★☆ ステップ16 ① 研修技法を効果的に活用する 78
★☆☆ ② 講義法を効果的に活用する 80
★☆☆ ③ 討議法を効果的に活用する 82
★☆☆ ④ 事例研究法を効果的に活用する 84
★☆☆ ⑤ ロールプレイングを効果的に活用する 86
★★★ ステップ17 職場外派遣研修を効果的に推進する 88
★☆☆ ステップ18 OFF-JTの事前準備を行う 90
★☆☆ ステップ19 OFF-JTの進行管理を行う 92
★★☆ ステップ20 OFF-JTのアンケートと評価・確認を実施する 94

第5章 SDSを推進する 97

★★★ ステップ21 自己啓発・相互啓発を促進する 98
★★☆ ステップ22 SDSの年度計画を推進する 100
★☆☆ ステップ23 SDSの進行管理を行う 102

第6章 職場研修を評価・確認し、処置・フォローする 105

★★★ ステップ24 職場研修の効果測定を行う 106
★★☆ ステップ25 年度研修計画と活動実績を評価・確認し、処置・フォローを行う 108

モデルシート 112

●社会人として学ぶことの意義－4つの輪

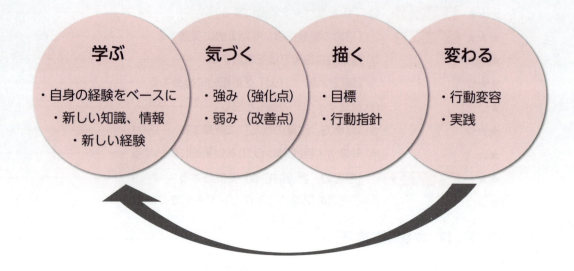

●参加型研修－3つの約束

1．進んで発言する
－ 自身の考え方や意思をまとめ、適切に表現し理解してもらう。
－ 相手の理解、納得、共感が影響力の源泉である。

2．人の話によく耳を傾ける
－ 主張と傾聴のバランスがとれていなければならない。
－ 他者の話にどれだけ耳を傾けられるかは、対人関係の基本スキル。

3．時間を意識する
－ 職業人は時間を意識する必要がある。
－ 時限のなかでより高い成果をめざさなければならない。
　（仕事には期限があり、目標は常に時限的である）
－ 時間は有限である。適切な対応力、実行力が求められる。

基礎編

職場研修推進の考え方

● 「基礎編」では、職場研修の必要性や仕組みなど、研修担当者が実務をすすめるうえで知っておきたい基本的な視点と知識を、10 のポイントに整理して取りあげます。福祉職場における職員研修の基本的なあり方を理解してください。

● それぞれのポイントから職場研修の全体像をつかんだうえで「実践編」を活用するのが効果的です。とくに、「ポイント 10　職場研修推進の手順をおさえる」では、「実践編」の各ステップに沿って、職場研修の推進手順を概説しました。全体の流れを理解するのに役立ててください。

基礎編の流れ

★★★ ＝すべての職場で取り組みたい項目
★★☆ ＝できれば取り組みたい項目

ポイント 1 ★★★	『職場研修』の重要性を認識する （2 ページ）
ポイント 2 ★★★	福祉の人材育成に共通する理念と目標をおさえる （4 ページ）
ポイント 3 ★★★	求められる職員像を明確に描く （6 ページ）
ポイント 4 ★★★	職場研修のニーズを把握する （8 ページ）
ポイント 5 ★★★	職場ぐるみで役割を担う （10 ページ）

ポイント 6 ★★★	職場研修の仕組みを理解する （12 ページ）
ポイント 7 ★★☆	OJT（職務を通じての研修）をすすめる （14 ページ）
ポイント 8 ★★☆	OFF-JT（職務を離れての研修）をすすめる （16 ページ）
ポイント 9 ★★☆	SDS（自己啓発支援制度）をすすめる （18 ページ）
ポイント 10 ★★☆	職場研修推進の手順をおさえる （20 ページ）

『職場研修』の重要性を認識する

1. いま、福祉職場で人材育成の充実が求められる理由は？
2. なぜ、「職場研修」という捉え方が大切なのか？
3. 「職場研修」がめざす方向は？

1 「人材育成」は福祉サービス充実の要です

● 日本の福祉サービスの多くは、利用契約制度に移行し、制度やシステムの充実が図られています。しかし、こうした施策によって、さまざまなサービスが「制度として」確立したとしても、日常生活の安定を求める一人ひとりの国民や福祉サービス利用者が満足できるサービスが実現しなければ、制度の目的を真に達成することにはなりません。

● **福祉サービスは、「生活の支援を必要とする人々に対する専門的サービス」**であり、担い手である職員の資質能力によってサービスの質が決定づけられるという特徴があります。また、福祉サービスは、基本的にチームケアとして実践されるものであり、チームワークや連携が重要になります。

● 福祉人材育成の重要性は、次の3つの視点で捉えておくことが大切です。
　① 生活の支援を必要とする利用者にとって「最善のサービス」を提供するために
　② 組織やチームを効果的・効率的に運営し、成果を高めるために
　③ 一人ひとりの職員にとって職業人生が豊かで充実したものになるために

● 福祉ニーズの量的拡大や多様化の中で、サービスの担い手となる人材の確保が喫緊の課題と認識されるところです。人材育成を促進し、福祉サービスの質と社会的評価を高めていくことは、ハード（制度やシステム）の改革とともに、ソフトの改革として重要な課題であると認識する必要があります。

2 職場が人材育成の責任単位です

● **「職場研修」**は、**「人材育成の責任単位は職場である」**という認識に立って、職員研修を捉え直し、充実していこうとする目的をもって行います。人材育成は、本来、経営管理の重要な柱の1つです。組織の使命・目標を達成するために資源としての"人材（人財）"をどのように育成、活用していくかということは、それぞれの組織が固有に取り組まなければならない課題です。

● また、職員研修の成果を利用者サービスに還元していくためには、サービスに直結する実践能力（コンピテンシー）を高めていくことが重要になります。このような実践能力を開発するためには、職務を通じた研修が必要であり、職員と利用者とが日々関わりを持つサービス実践の場を基礎にした「職場研修」を推進することが重要になります。

● 「職場研修」は、組織の経営理念やサービス目標等に基づいて推進するものです。理念やサービス目標を前提にしながら、職場研修の理念や方針を策定し、体系的、継続的に実施することが大切です。職場固有の研修ニーズに立脚しながら研修管理サイクルを徹底し、職務を通じた研修（OJT）や職場内集合研修と職場外派遣研修（OFF-JT）、自己啓発支援制度（SDS）等を主導的、一体的に推進していくことです。

3 職員の成長と組織の発展をめざします

● 「職場研修」を推進することによって、日常業務と研修との関連が密接なものになります。職員は、仕事にやりがいを感じると同時に、専門的能力の向上や組織人としての成長の機会を得ることでキャリアアップを促進することが可能になります。

● 「職場研修」は、組織の活力にも大きな影響を及ぼします。職員の専門性の向上はサービスの質の向上につながり、組織人としての成長は組織全体の力を高めます。職員が意欲的に仕事の改善に取り組めば、職場は活性化し常に前進することができます。**職場研修は、職員の成長と組織の発展の双方をめざすもの**です。【図表1】参照

【図表1】「職場研修」がめざすもの

ともに生きる豊かな福祉社会をめざして

ニーズに対応した福祉サービスの量と質の高まり

組織の発展	職員の成長
・利用者サービスが向上する	・専門性が高まる
・組織としての力量が高まる	・組織人として成長する
・現場が活性化し、安定する	・職場に定着し、意欲がわく
・職場として、常に前進する	・仕事の改善に力を発揮できる

職場研修

・職場研修に関する基本方針を確立し、個別職場の研修ニーズに基づいて、職場で主導的・一体的に推進する職員研修の総体をいう。

福祉の人材育成に共通する理念と目標をおさえる

1. 人材育成の目標を設定するためには？
2. 福祉サービスの「専門性」と「組織性」とは？
3. 実践行動を支える3つの能力とは？

1 福祉サービスに共通に求められる「専門性」を理解します

● 福祉サービスの多くは、利用契約制度に移行し、かつての「措置」「援助」から「サービス」に転換しました。サービス利用者と提供者の関係は、基本的に契約に基づく対等な関係になり、利用者は自ら必要なサービスを選択し、利用することが可能になりました。「利用者」は「顧客」でもあり、これからはサービスの質がますます問われることになります。

● 福祉サービスは、他のサービス事業とは異なり、「生活の支援を必要とする人々に対する専門的サービス」であるという特徴があります。福祉サービスは、基本的には法に基づくサービスであり、「個人の尊厳の保持を旨とし、その内容は、福祉サービスの利用者が心身ともに健やかに育成され、又はその有する能力に応じ自立した日常生活を営むことができるように支援するものとして、良質かつ適切なものでなければならない」という、**福祉サービスの基本理念を遵守する必要**があります。

● 福祉サービスの担い手（職員）には、福祉サービスの理念や倫理を土台とし、専門知識や専門技術の習得と向上が求められます。福祉サービスにおける人材育成がめざす方向は、利用者の自立支援とQOL（生活の質）の向上を担うことができる支援者づくりです。

2 チームケアの一員として求められる「組織性」を理解します

● 福祉サービスは、チームケアを基本とするものであり、連携と協働が不可欠です。提供されるサービスの質は、個々の職員の資質と同時に、組織やチームの力量に左右されることになります。同一職種のチームはもとより、多職種の連携が密でなければ良質なサービスを提供することはできません。

● 個々の職員には、サービスの専門的能力と同時に、組織人としての目標意識や協働する力などが必要になります。また、職務経験やキャリアを積み、組織の中でチームリーダーや管理職員としての役割を担うことになる職員には、初任者や後輩、あるいは部下に対する適切な助言や指導、リーダーシップの発揮が求められます。福祉職場においては、**職員の「専門性」とともに「組織性」を高めていく**ことが重要です。

3 3つの能力〜「価値観・態度、知識・情報、技術・技能」に着目することです

● 人材育成の目標を考えるには、日常のサービス実践や職務遂行を支える3つの能力に着目することが大切です。1つ目は**「価値観・態度」**であり、倫理観や価値観、思いや意欲によって行動が支えられています。2つ目は、**「知識・情報」**で、支援者に必要な正しい知識・情報で行動が支えられます。3つ目は、**「技術・技能」**で、実務的な技術やノウハウを身につけることによって、実践ができるようになります。【図表2】参照

● **「価値観・態度」は「やる気」を支える能力**であり、**「知識・情報」は「わかる」を支える能力**、**「技術・技能」は「できる」を支える能力**であるととらえると、わかりやすいです。どれか一つの能力が欠けても適切な行動を実践することにはつながりません。

● 事業種や職種、キャリアステージによって求められる職務行動や役割行動を認識したうえで、上記の3つの能力に着目することが大切です。また、行動方程式の意義を理解し、行動環境を整えることも重要です。【図表3】参照

【図表2】実践行動を支える3つの能力

1	価値観・態度 Attitude （やる気）	・支援に関する考え方、価値観、倫理観 ・情緒的、主観的な思い、気持ち、意欲や意思 ・職務や支援活動に価値を認め「やる気になる」こと
2	知識・情報 Knowledge （わかる）	・支援活動に関する基礎的な知識や情報 ・問題解決場面で必要となる実践的な知識や情報 ・職務や支援活動の意味や進め方が「わかる」こと
3	技術・技能 Skill・Art （できる）	・実務的な技術・技能、問題解決に役立つノウハウや知恵 ・身についている思考や行動のパターン ・職務や支援活動を、一定の基準に即して「できる」こと

【図表3】能力と活動（行動）のメカニズム

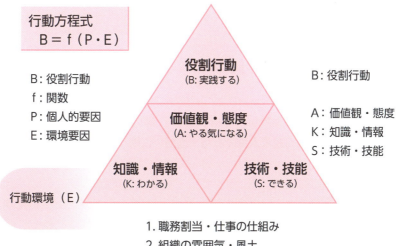

ポイント 3
★★★

求められる職員像を明確に描く

チェックポイント

1. 求められる職員像を描くには？
2. 経営理念やサービス目標との関係は？
3. 階層別に求められる職員像は？

1 職員像は、求められる「実践行動」で描きます

● 職場研修を効果的に推進するためには、福祉人材育成の共通理念や目標を踏まえたうえで、**求められる「職員像」を描くこと**が大切です。事業種や職種、キャリアステージによって求められる職務行動や役割行動が異なります。固有の専門性、組織における職種や役割に着目しながら「〜を理解する」「〜ができる」「〜を果たす」というように、**具体的な実践行動のレベルで表現すること**が大切です。

● 求められる実践行動を明確にすることで、習得しなければならないサービス実践や職務遂行に必要とされる理念や価値観・態度、知識・情報、技術・技能等を具体的に認識できるようになり、個々の職員の研修課題や到達目標が明らかになってきます。

2 法人や事業所の経営理念やサービス目標に則して示します

● **組織が求める人材は、法人や事業所の使命や目的に基づく経営理念やサービス目標に沿ったものであること**が必要です。組織が、現在どのような事業を推進しているか、また将来どのような事業を推進するかを考慮し、求められる法人・事業所固有の職員像を描き、それを具体的に職員に示すことが大切です。

● 実際には、現在の仕事だけではなく、次に予定されている仕事、将来の仕事に必要な能力を見据え、常に新たな知識や技術を学び、持てる能力を常に向上させていくことが求められます。

3 階層ごとに求められる職員像を示します

● 組織は、機能分化と階層分化の2つの分化で構成されています。職員は、**それぞれの立場や役割に基づいて適切な役割行動の実践**が求められます。また、職員は、現状の役割行動を実践するだけでなく、**組織が示すキャリアパス（職業人生の進路・道筋）に則してキャリアアップをめざす**必要があります。

● 初任者には、基礎的な専門知識や技術・技能の習得が必要ですし、組織やチームの一員としてこれらを効果的に活用できる組織性の基本を身につけることが求められます。中堅職員には、主体的に自己の能力を高め、よりよいサービスができるよう当事者意識の醸成、サービスや業務の改善、チームの活性化やチーム間・職種間の連携への取り組み等が求められます。また、初任者や後輩を指導育成するスキルの向上が期待されます。

● チームリーダーには、専門性と組織性の両面にわたって中心的な役割を果たし、チームを円滑に運営するためのリーダーシップや部下指導の能力が求められます。また、社会からの福祉サービスへの要求（多様化・高度化）に対応できるようチーム体制を整え、改善や改革に取り組んでいくことが求められます。

● 管理職員には、事業や組織運営の責任者としてトータルなマネジメントを遂行していくための能力、戦略発想や環境整備、組織改革等を推進できるリーダーシップが求められます。人事管理や労務管理、財務管理を適切に推進できるとともに、「地域福祉の推進役」としての役割を担える能力が期待されます。【図表4】参照

【図表4】職務階層ごとに求められる機能のイメージ

	職務階層	求められる機能	役職名称 [例示]
第5段階	トップマネジメント リーダー シニアマネジャー （上級管理職員）	• 運営統括責任者として、自組織の目標を設定し、計画を立てて遂行する。 • 必要な権限委譲を行い、部下の自主性を尊重して自律的な組織運営環境を整える。 • 人材育成、組織改革、法令遵守の徹底などを通じて、自組織を改善・向上させる。 • 自らの公益性を理解し、他機関や行政に働きかけ、連携・協働を通じて地域の福祉向上に貢献する。 • 所属する法人全体の経営の安定と改善に寄与する。	施設長（1） （部長）
第4段階	マネジメント リーダー マネジャー （管理職員） ↑ 管理職 ↑	• 業務執行責任者として、状況を適切に判断し、部門の業務を円滑に遂行する。 • 職員の育成と労務管理を通じて組織の強化を図る。 • 提供するサービスの質の維持・向上に努める。 • 経営環境を理解し、上位者の業務を代行する。 • 他部門や地域の関係機関と連携・協働する。 • 教育研修プログラムを開発・実施・評価する。	施設長（2） 小規模事業管理者 部門管理者 （課長）
第3段階	チームリーダー リーダー	• チームのリーダーとして、メンバー間の信頼関係を築く。 • チームの目標を立て、課題解決に取り組む。 • 上位者の業務を補佐・支援する。 • 当該分野の高度かつ適切な技術を身につけ、同僚・後輩に対してのモデルとしての役割を担う。 • 地域資源を活用して業務に取り組む。 • 教育指導者（スーパーバイザー）として、指導・育成等の役割を果たす。 • 研究活動や発表などを通じて知識・技術等の向上を図る。	主任 （係長）
第2段階	メンバーⅡ スタッフⅡ （中堅職員）	• 組織の中での自分の役割を理解し、担当業務を遂行する。 • 職場の課題を発見し、チームの一員として課題の解決に努める。 • 地域資源の活用方法を理解する。 • 後輩を育てるという視点を持って、助言・指導を行う。 • 業務の遂行に必要な専門的知識・技術等の向上を図る。 • 職業人としての自分の将来像を設定し、具体化する。	職員（一般）
第1段階	メンバーⅠ スタッフⅠ （初任者）	• 指導・教育を受けつつ、担当業務を安全・的確に行う。 • 組織・職場の理念と目標を理解する。 • 担当業務に必要な制度や法令等を理解する。 • 組織内の人間関係を良好にする。 • 福祉の仕事を理解し、自己目標の設定に努める。 • 仕事から生じるストレスを理解し、対処方法を身につける。 • 福祉・介護サービス従事者としてのルール・マナーを順守する。	職員（初任）

（出典）『福祉・介護サービス従事者の職務階層ごとに求められる機能と研修体系』「福祉・介護サービス従事者のキャリアパスに対応した生涯研修体系構築検討委員会」報告書、全国社会福祉協議会、2010年3月、15頁を一部改変。

職場研修のニーズを把握する

1. 研修ニーズとは？
2. 研修ニーズを把握する方法は？
3. 「三者ニーズ」をとらえるポイントは？

1 「求められる能力と現有能力との差」が、研修ニーズです

● 職場研修は、研修ニーズに基づいて実施するものです。**研修ニーズとは、「求められる能力（あるべき姿）と現有能力（現状の姿）の差」としてとらえた具体的な研修課題のこと**を意味します。

● "求められる能力（あるべき姿）"を現在のレベルでとらえるか、将来のレベルでとらえるかによって、①「職務遂行のための研修ニーズ」と②「人材育成のための研修ニーズ」の２つに分けられます。①は、現在および近い将来担当する職務を遂行するために求められるもので、緊急性が高い研修ニーズです。②は、将来の組織を担う人材として専門性や組織人としての資質能力をレベルアップしようとするもので、長期的視点での研修ニーズです。【図表5】参照

2 「利用者」「職員」「経営者・管理職員」の立場から把握します

● "求められる能力（あるべき姿）"がどのようなものであるかは、「ポイント3」で述べた"求められる職員像"と深く関わる問題です。職種別、階層別の"求められる職員像"を前提に、そこでどのような能力（価値観・知識・技術等）がどの程度必要とされるか、基準（キャリアパス要件等）を明確にしながらニーズ把握を行うことが望まれます。

● 実際には、**①サービス利用者から求められるニーズ、②職員自身の立場から求められるニーズ、③経営者・管理職員の立場から求められるニーズ、の三者の立場から検討する**とよいでしょう。【図表6】参照

3 それぞれの立場に身を置き、想定してみることです

● 利用者の立場から研修ニーズをとらえることは、福祉の職場研修の特質からみて欠くことのできないものです。個々の利用者に日々提供されるサービスを利用者の立場から評価し、これに基づいて研修ニーズを明確にするわけです。利用者や家族等の日々の生活や声に目を向けると同時に、「サービス評価」や「第三者評価」等との関連で改善課題を把握することも重要です。

● **職員は一人ひとりめざしたい将来像（キャリアビジョン）を持っている**ものです。とくに、福祉の仕事に従事している者の多くは、仕事に社会的意義と誇りを持ち、自らの専門性を高めることを通じて自己実現することを願っています。**職員の主体性や自主性を尊重しキャリアアップを支援する視点から、職員自身の研修ニーズの把握**が大切です。

● 経営組織には固有の使命や目的があり、これを実現するためには、職員の"育成と活用"が不可欠です。職員の職務遂行能力や問題解決能力の向上を図り、また、組織の将来を担う人材を育成することは、経営組織の普遍的ニーズです。経営組織の現状や経営者の意向に立脚して、現在および将来に向かっての研修ニーズを把握することが重要です。

【図表5】研修ニーズとは

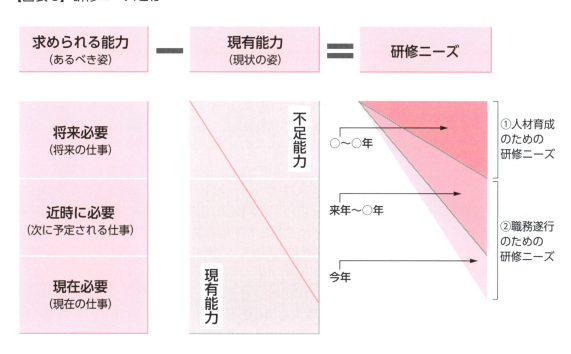

【図表6】研修ニーズの把握のポイント

職場ぐるみで役割を担う

1. 職場研修の原動力は？
2. 経営者、管理職員、チームリーダーの役割は？
3. 研修担当者の役割は？

1 職員の自己啓発が原動力です

● **職場研修の原動力は、個々の職員が潜在的に持っている「啓発意欲」と「成長の可能性」**です。研修活動は、その意欲と可能性に対する組織としての意識的な働きかけです。その意味で、職場研修の主人公は職員自身であるといえましょう。

● 本人の啓発意欲と啓発努力を前提にしながらも、職場研修による意識的な支援が行われれば、職員の自己啓発は一層促進され、ステップアップすることになります。自己啓発は、職務能力の向上に結びつき、実践に活かされることによって利用者や組織からの評価が向上します。そして、それは、達成感や充実感といったやりがいの増大につながり、さらに高度な仕事を委任され一層の自己啓発意欲にも結びつきます。

● このような内的に動機づけられた活発な自己啓発サイクルを実現するのが、職場研修の理想的なあり方です。大切なことは、職員自身の自発性や当事者意識を育てることであり、そのためには、個々の職員の自己啓発目標と組織の研修目標との統合をめざす努力が必要になります。【図表 7】参照

2 経営者は責任を担い、管理職員やチームリーダーは実践当事者です

● **経営者は、職場研修の推進責任者**です。人材育成に積極的な関心を持ち、職場研修の理念や方針を示すとともに、仕組みを整備し、職場研修を推進できる環境づくりを行うことが求められます。財政面での条件整備も大切です。

● また、**管理職員やチームリーダーは、職場研修の実践当事者**です。職務遂行プロセスで職員を日常的に指導育成することが「本来の役割（職務）」であると自覚し、指導育成者としての姿勢を確立するとともに、指導技術の研鑽に努める必要があります。

3 研修担当者は、職場研修の実務を担います

● **研修担当者は、職場研修の実務（研修管理）**を担います。研修計画づくり、研修の実施や確認・フォローといった一連の研修管理を、経営者や管理職員から権限の委譲を受け、連携を取りながら実際に推進することが求められます。研修担当者の熱意と継続的な努力が、職場研修の成果を大きく左右します。

● また、職場研修を担うすべての当事者（経営者、管理職員、チームリーダー、一般職員）が、それぞれの役割を主体的に実践できるよう**「育成的な職場風土づくり」**に努めることも大切です。**【図表8】**参照

【図表7】自己啓発と成長の仕組み

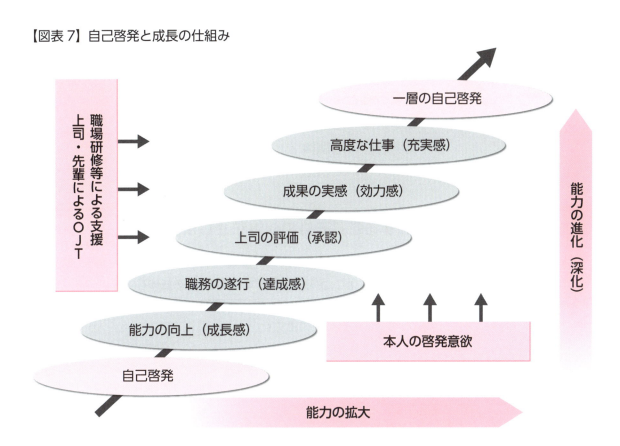

【図表8】職場研修を担うそれぞれの基本的役割

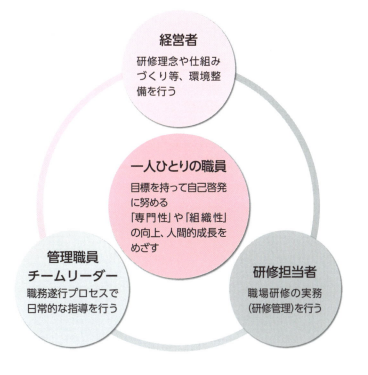

職場研修の仕組みを理解する

1. 職場研修とは？
2. 職場研修の運営方法は？
3. 職場研修の形態は？

1 職場が主導的に推進する職員研修の総体をさします

● このマニュアルでは、「職場研修」を次のように定義します。
　①個々の職場（施設や事業所）が、**主導的に推進する職員研修の総体**を指す。
　②「**PDCA（計画 - 実施 - 評価・確認 - 処置・フォロー）」の研修管理サイクル**に沿って推進する。
　③**OJT、OFF-JT、SDSの3つの形態**で実施する。

● 研修というと、これまでは職場外研修への派遣（参加）をイメージすることが多かったといえます。もちろん、それも重要な研修施策の1つですが、これからは、職場内外で行うさまざまな研修を、体系的、一体的に実施することが望まれます。

2 研修管理サイクルで推進します

● 職場研修を経営管理の一環に位置づけ、一定の推進体制を整え、「**PDCA（計画 - 実施 - 評価・確認 - 処置・フォロー）」の研修管理サイクルで推進すること**が重要です。職場研修を場当たり的、単発的に実施するのでは大きな成果は期待できません。

● 研修管理には、「広義の研修管理」と「狭義の研修管理」があります。「広義の研修管理」とは、組織の経営方針やサービス目標と連動して、①職場研修の理念や方針を策定すること、②研修体系・実施要綱の策定といった職場研修の基礎づくりを行うことです。【図表9】参照

● また、「狭義の研修管理」とは、③年度研修計画の策定（Plan）、④研修の実施（Do）、⑤研修の評価・確認（Check）、⑥研修の処置・フォロー（Action）といったステップをさし、その結果のフィードバックを行います。この流れを一般に「研修管理（PDCA）サイクル」と呼びます。

3 OJT、OFF-JT、SDSの3つの形態で実施します

● 職場研修は、次の3つの形態で実施します。
　① OJT（オン・ザ・ジョブ・トレーニング：職務を通じての研修）
　② OFF-JT（オフ・ザ・ジョブ・トレーニング：職務を離れての研修）
　③ SDS（セルフ・ディベロップメント・システム：自己啓発支援制度）
【図表10】参照

● 大切なことはそれぞれの研修形態の特徴に着目し、研修ニーズに最も適した形態で実施し、3つを相互補完的に位置づけ総合的に推進することです。

【図表9】研修管理サイクル

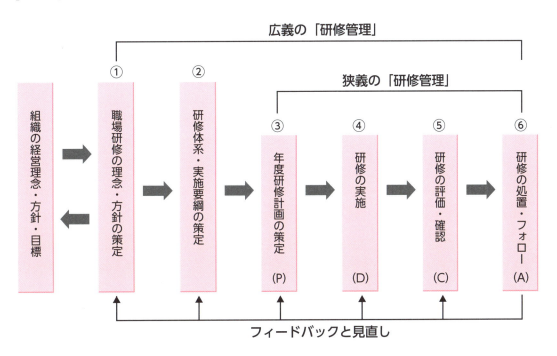

【図表10】職場研修の3つの形態

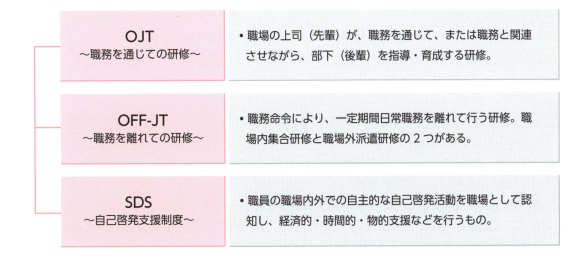

OJT（職務を通じての研修）をすすめる

1. OJTの位置づけは？
2. OJTのメリットは？
3. OJTの機会や方法は？

1 「職場研修の基本」に位置づけます

● OJT（オン・ザ・ジョブ・トレーニング）は、**職務を通して行う研修であり、日常のあらゆる機会が指導育成の場**となります。職場の上司や先輩が、部下や後輩に対して行うもので、個々の職員の個性や能力レベルに応じた実践的な指導が可能になります。

● 研修というと、一般的には研修会や勉強会といった集合研修をイメージしがちですが、OJTが最も重要であり、職場研修の基本として位置づけることが大切です。【図表11】参照

2 成果が業務に直結し、職場への帰属意識や信頼感につながります

● OJTは、①原則として、特別な時間や費用をさく必要がない、②必要に応じた時期と内容で実施できる、③部下（後輩）の能力や特性に応じて実施できる、④個別具体的にきめ細かく指導できる、⑤臨機応変に反復指導や指導方法の変更ができる、⑥研修成果が業務の推進・向上に直接結びつきやすい、⑦上司（先輩）と部下（後輩）の信頼関係づくりに役立つ―といったメリットがあります。

3 「日常の機会指導と意図的・計画的指導」「個別指導と集団指導」があります

● OJTの機会と方法には、主なものとして【図表12】に示したような内容があります。これらの方法を日常の職務遂行プロセスにおいて、どれだけ意識して取り入れていくかが重要です。

● 職場の管理職員やチームリーダーの立場にある人でも、職員育成について無関心な人も少なくありません。「OJTは部下を持つ管理職員やチームリーダーの本来業務（役割）である」ことを職場全体に徹底し、OJTの効果的な推進のための体制づくりや指導技術の向上の機会を積極的につくっていくことが大切です。

● **「意図的・計画的指導」**の仕組みを取り入れることや、ミーティングの場等を活用した**「集団指導」を推進する**ことも有効です。「意図的・計画的指導」としては、個々の職員について年度の育成目標を明確にし、指導スケジュールを決めることが望まれます。

● また、基本の徹底ときめ細かな指導が求められる初任者のOJTについては、専任指導者（OJTリーダー）を配置したり、ジョブ・ローテーション制度を導入し、一定期間の研修配置を行うといった取り組みが効果的です。

【図表11】OJT の 6W2H

Why	なぜ、何のために	職員の個性や能力レベルに応じて、実践能力を高めるために
Who	誰が	職場の上司・先輩が
Whom	誰に	直属の部下や後輩に対して
What	何を	職務に必要な価値観・態度、知識・情報、技術・技能を
When	いつ	日常の職務（仕事）を通じて
Where	どこで	職場で
How	どのように	日常の機会指導および意図的・計画的指導育成を
How much	どのくらい	行動変容が実現できるレベルまで行う

【図表12】OJT の機会と方法

OJT の基本的方法

- 教える
- 動機づける
- 見習わせる
- 特別な機会を設けて指導する
- 経験させる　（個別面談や研究課題の付与等）

日常の機会指導（機会をとらえた指導）

- 職員と仕事の打ち合わせを行うとき
- 職員が実際に仕事をしているとき
- 仕事の報告、連絡、相談に来たとき
- 職員の仕事が完了したとき
- 職員が出張や研修に行くとき
- 職場外でのコミュニケーション

個別指導

- 業務上の指導、助言
- 個別面談の実施
- 初任者 OJT リーダーの配置
- ジョブ・ローテーション制度
- 同行訓練

意図的・計画的指導

- 指導育成の目標（何を、どのレベルまで、いつまでに）を明確にして、意図的・計画的に指導する

集団指導

- ミーティングや問題解決場面の活用
- ケースカンファレンス 等の場の活用

基礎編 ● 職場研修推進の考え方

OFF-JT（職務を離れての研修）をすすめる

★★☆

1. OFF-JTの位置づけは？
2. OFF-JTのメリットは？
3. OFF-JTの実施方法は？

1 視野の拡大や、専門知識や技術習得の機会となります

● **OFF-JT（オフ・ザ・ジョブ・トレーニング）は、職務命令により、一定期間職務を離れて行う研修**です。したがって、日常の職務の中では行いにくい新たな動機づけや視野の拡大、専門知識や技術の体系的な習得等を目的とする場合に適した研修形態です。

● OJTを職場研修の基本におきながらも、キャリアステージの節目ごとに適切なOFF-JTの機会を設けることで、研修施策に専門性や広がりをもたせ、また適度なリフレッシュ効果を加えることができます。【図表13】参照

2 効率的、集中的、体系的に学べて、交流や視野の拡大が図れます

● OFF-JTは、①同一の研修ニーズ（課題）をもつ者が一堂に会して効率的に研修できる、②職務を離れて研修に専念できる、③基礎的内容、専門的内容を問わず体系的・計画的に研修できる、④研修内容に最も適した講師や研修技法を設定できる、⑤他の受講生との交流や情報交換等によって相互啓発や視野の拡大が図れる－といったメリットがあります。

3 職場内外で、研修目的に合わせた多様な技法を用いて行います

● OFF-JTには、職場内で実施する場合（職場内集合研修）と、職場外の外部研修に派遣する場合（職場外派遣研修）があります。**職場内で実施する場合には、研修目的に合わせた研修技法の設定**がポイントとなります。

● 研修技法には、①講義法、②討議法、③事例研究法、④ロールプレイング、⑤研修ゲーム、⑥自己診断法、⑦理解促進討議法、⑧その他（見学、実習等）がありますが、研修の目的や内容、対象者に合わせて効果的に組み合わせて実施することが望まれます。【図表14】参照

● 一方、OFF-JTは、①参加者の個別の研修ニーズには応えにくい、②講義や伝達中心のプログラムで単調になりやすい、③実務に役立ちにくい、④単発的な企画になりやすい、⑤研修の効果を把握しにくい－といった問題点が出やすいものです。こうしたマイナスをできるだけ解消し、日常業務やOJTとの連携にも十分に留意して計画、実施することが望まれます。

【図表 13】OFF-JT の 6W2H

Why	なぜ、何のために	職員の基礎的能力や、専門的能力の向上のために
Who	誰が	職場内外の指導者（講師）が、あるいは職員相互が
Whom	誰に	研修会参加の職員に対し、あるいは職員相互に対し
What	何を	職務に必要な価値観・態度、知識・情報、技術・技能を
When	いつ	日常の職務を離れて（職務命令で）
Where	どこで	職場内外の研修会等で
How	どのように	集合研修（あるいは相互学習）を通じて指導育成を
How much	どのくらい	視野の拡充や視点の転換ができるレベルまで行う

【図表 14】OFF-JT の方法

OFF-JT の基本的方法（技法）

- ・講義法
- ・討議法
- ・事例研究法
- ・ロールプレイング
- ・研修ゲーム
- ・自己診断法
- ・理解促進討議法
- ・その他（見学、実習等）

職場内 OFF-JT の例

- ・外部研修等の報告会（伝達研修）
- ・課題別勉強会（相互学習会）
- ・事例研究会
- ・文献・資料の輪読会
- ・学習するチームづくり

職場外 OFF-JT の例

- ・行政機関や社会福祉研修実施機関等が実施する研修会への派遣
- ・種別協議会・職能団体等主催の研修会への派遣
- ・専門機関が実施するテーマ別・課題別研修会への派遣
- ・他職場との交流・交換研修、見学、実習

SDS（自己啓発支援制度）をすすめる

★★☆

1. SDSの位置づけは？
2. SDSのメリットは？
3. SDSの具体的な方法は？

1 SDSは、職員の自己啓発を一層促進するものです

● **SDS（セルフ・ディベロップメント・システム）は、個々の職員の自己啓発を支援するシステム**です。もともと自己啓発は、職員が自らを高めるための「自主的な活動」であり、「自己管理」ですすめられるものですが、職場としてその意義を再認識し、積極的に支援、促進するということです。【図表15】参照

2 職員の自己啓発意欲を高め、職場を活性化します

● SDSは、①本人の意志で学ぶので、動機も明確で高い効果が期待できる、②職員の仕事に対する研究心や改善意欲に結びつく、③職員の視野の拡大や潜在能力の開発に役立つ、④職員の自己啓発意欲や自主性・自発性を高められる、⑤職員のリフレッシュに役立つ、⑥職場の活性化や育成的な風土づくりに役立つ－といったメリットがあります。こうした効果に十分留意した活用が望まれます。【図表16】参照

3 一定の基準を決めて、経済的、時間的、物的支援を行います

● SDSを推進するためには、職場としてどのような自己啓発に対して、どのような形態や範囲で支援するのか、一定の基準や優先順位を決めておくことが必要です。個々の職員の自己啓発は多種多様ですが、職場にとっての基準は、必要性の度合いや予算等との関係で取捨選択が必要となるからです。また、費用や時間の支援のレベルも、1、2割の支援から、5割の支援、7、8割の支援などさまざまに設定されます。

● SDSの方法としては、職員の自己啓発や自主的研修活動に対する①経済的支援、②時間的支援、③物的支援等があります。また、こうした**ハード面での施策を推進するとともに、自己啓発の動機づけや活用できる資源の情報提供といったソフト面の推進施策**も重要です。【図表17】参照

【図表15】自己啓発活動のとらえ方

【図表16】SDS の 6W2H

Why	なぜ、何のために	職員の自己啓発意欲、育成的職場風土を醸成するために
Who	誰が	職場や上司が
Whom	誰に	自己啓発の主体である職員に対して
What	何を	職場の自己啓発や相互啓発の自主的活動を
When	いつ	職員の望む時間帯（職務時間外）に
Where	どこで	職員の望む場所（職場の内外）において
How	どのように	経済的・時間的・物的支援を
How much	どのくらい	職員のキャリアアップ、自己実現をめざして行う

【図表17】SDS の方法

SDS の基本的方法
- 職員の職場内外での自己啓発に対する
  ① 経済的支援（費用補助等）
  ② 時間的支援（職務免除・職務調整や特別休暇の付与等）
  ③ 物的支援（施設や設備の貸出し・提供等）

職場内 SDS の例
- 個人の研究活動の奨励や補助
- 学習サークルへの活動費補助
- 自主勉強会への施設や設備の提供
- 福祉関係図書・資料・DVD の貸出し

職場外 SDS の例
- 社会福祉研修への費用支援や時間的免除
- 専門資格等取得のための支援
- 通信教育受講料やスクーリング宿泊費の支援
- 学会・専門職団体等の大会・研修への出席支援
- 自己啓発資源の PR（広報）活動

ポイント 10 職場研修推進の手順をおさえる

★★☆

1. 職場研修を「整備・計画」する手順は？
2. 職場研修を「実施」する手順は？
3. 職場研修を「評価」する手順は？

1 研修担当者を決め、研修の仕組みをつくり、年度計画を立案します

● 職場研修の「整備・計画」は、①研修担当者を決定し、その役割を明確にする、②組織の経営方針やサービス目標に照らし研修理念や方針を策定する、③研修体系および『職場研修実施要綱』を策定する、④年度研修計画を策定する、といった手順になります。【図表18】参照

● ④「年度研修計画の策定」では、職場全体としての研修計画を作成し、「年間研修スケジュール」を作成します。そのうえで、個々の職員を対象とする「個人研修計画」（OJT計画書）を職員と直属の上司が面談しながら参画型で策定します。本マニュアルではその手順を示しています。また、中長期的視点から「人材育成のための研修ニーズ」に対応する研修計画を策定する手法として「生涯研修（キャリアアップ）計画」の参考モデルを提示しています。これは、生涯学習の発想で個々の職員のキャリアアップをめざすものです。

2 OJT、OFF-JT、SDSそれぞれの実務をすすめます

● 職場研修「実施」の主要手順は、次のような実務を的確にすすめていくことです。
　① OJTについてコンセプト（概念や意義）を共有化し、推進体制を確立して、「日常の機会をとらえた指導」と「意図的・計画的指導」を定着させる。
　② OFF-JTについて職場外派遣研修の進行管理を行うとともに、職場内でも独自のプログラムを計画し、実施、評価・確認する。
　③ SDSについて職員からの申請受理や進行管理と結果報告管理を行う。

3 個々の研修の効果測定を行うとともに、研修活動全体の評価・確認を行います

● 職場研修の「評価・確認」としては、個々の研修がそのねらいをどれだけ達成したかをみる**効果測定（結果の評価・確認）**と、研修の実施プロセスや研修計画が適切であったかを吟味する**研修活動評価・確認の2つの側面**から行います。必要に応じて処置・フォローアップを行います。

【図表18】職場研修推進の手順

＊ なお、本マニュアルの「実践編」は、下記図表の手順に沿って構成しています。
右端に掲載箇所を示しておきました。

	手順	内容	「実践編」箇所
①	研修担当者を決定する	＊研修担当者を選任し、役割を明確にする ＊必要に応じ、推進支援組織をつくる	〔ステップ1〕
②	職場研修理念・方針を策定する	＊組織の経営方針やサービス目標を確認し、これに合致した研修理念・方針を策定する	〔ステップ2〕
③	研修体系・『職場研修実施要綱』を策定する	＊研修体系を策定する ・階層別、職種別の研修課題を明確にする ・研修形態別に推進ポイントを明確にする ・研修体系図に整理する ＊『職場研修実施要綱』をとりまとめる ・研修実施の手続きや費用負担の方法等を含め、②③全体を『職場研修実施要綱』にまとめる	〔ステップ3〕 ～
④	年度研修計画を策定する (Plan)	＊「職場研修計画」を作成する ・前年度の研修評価から課題を抽出する ・当年度研修ニーズを把握する ・当年度の重点テーマ・施策を設定する ＊「年間研修スケジュール」を作成する ・業務の流れと研修配置の関係に配慮する ・研修施策相互の関係に配慮する ＊「個人研修（OJT）計画」を作成する ・職員と上司で相談のうえ、作成する ・「職場研修計画」や「スケジュール」とも内容を調整する ＊「生涯研修（キャリアアップ）計画」を作成する ・職員と上司で作成する（必要に応じて作成）	〔ステップ5〕 ～
⑤	研修を実施する (Do)	＊OJTを推進する ・OJTのコンセプト（基本理念や方針）を共有化する ・OJTの推進体制を確立する ・「日常の機会指導」をすすめる ・「意図的・計画的指導」をすすめる	〔ステップ10〕 ～
		＊OFF-JTを推進する ・職場内集合研修プログラムを計画・運営する 　～研修技法を有効に活用する 　～各プログラムの進行管理を行う 　～プログラムごとに効果測定を行う ・職場外派遣研修を効果的に活用する	〔ステップ14〕 ～
		＊SDSを推進する ・方針を確立し、施策を具体化する ・進行管理を行い、結果報告を受ける	〔ステップ21〕 ～
⑥	研修を評価・確認する (Check) 必要に応じて処置・フォローする (Action)	＊効果測定（結果の評価・確認）を行う ・研修目的にあった測定方法を設定し実施する ・職務への反映度合いに留意する ＊研修活動そのものの評価・確認を行う ・研修の実施プロセス(Do)、および研修計画(Plan)を評価・確認する ＊必要に応じて処置・フォローアップを行う	〔ステップ24〕 ～

実践編

第1章
職場研修の実施体制を整える

● 本章では、職場研修の推進にあたって、最初に取り組まなければならない実施体制の整備について、4つのステップで解説します。

● まず第一に、職場研修の推進担当者を選任し、その役割を明らかにすることが必要です。また、必要に応じて推進体制（組織）を整えることが求められます。そのうえで、職場としての研修理念や方針を策定することが重要です。この2つのステップは、実施体制の整備としてぜひ取り組みたい課題です。

● 次に、職場研修の体系を構想し、職場研修の基本規程として『職場研修実施要綱』を策定することが期待されます。

第1章の流れ

★★★＝すべての職場で取り組みたい項目
★★☆＝できれば取り組みたい項目

ステップ1　研修担当者を選任し、役割を明確にする（24ページ）★★★

ステップ2　職場研修の理念・方針を策定する（26ページ）★★☆

ステップ3　職場研修の体系を構想する（28ページ）★★☆

ステップ4　『職場研修実施要綱』を策定する（30ページ）★★☆

実践編 ● 第1章　職場研修の実施体制を整える　23

ステップ 1 研修担当者を選任し、役割を明確にする

職場研修を推進するためには、それぞれの職場（法人や事業所）単位で「研修担当者」を選任し、権限や役割を明確にしておくことが大切です。

1 経営者が研修担当者を選任します

● 研修担当者の選任は、職場研修の責任者である経営者が行います。職務適性からみれば、利用者サービスの第一線を担う職員を効果的に指導できる職員（〔主任〕生活相談員・生活指導員、主任介護職員、主任保育士等）を充てることが望まれます。ポイントは、**実質的に職場研修をリードできる人材を選ぶこと**です。

● 「職場研修推進委員会（仮称）」等の設置も有効です。職種や階層を超えてできるだけ幅広い関係者を参画させることで、職員の生の声を反映した参画型の職場研修をすすめることができ、「PDCA（計画 - 実施 - 評価・確認 - 処置・フォロー）」のそれぞれの段階で役割分担を行うことも可能になります。

● 職場の規模によっては、施設長等の管理職員が直接担当する場合もあります。しかし、その場合にもできるだけ補佐役を選任しておくとよいでしょう。また、研修担当者と言っても、他の職務と兼務で担う場合がほとんどですから、過重な負荷がかからないように職務分担への配慮が必要です。

2 研修担当者は、職場研修の"中心的担い手"です

● 研修担当者の役割は、【図表19】に示した通りです。①職場研修の理念や方針を策定し、研修体系や「職場研修実施要綱」の整備、年度研修計画の策定といった**「計画機能」（プランナー）**、②研修の実施やインストラクションといった**「運営・指導機能」（オペレーター／インストラクター）**、そして、③研修の評価・確認や処置・フォローといった**「評価・確認機能」（エバリュエーター）**があります。

● つまり、研修担当者には、職場研修の"中心的担い手"としての役割が期待されるわけです。しかし、あまり難しく考えるのではなく、むしろ職場研修の"お世話係"であるというくらいの気持ちで担当するのがよいでしょう。

3 経営者、管理職員、職員への積極的な働きかけが求められます

● 研修担当者の仕事は、当然"アタマ"を使う場面が多くなるでしょう。しかし、同時に"カラダ"を使うことも大切です。そして、何より一人ひとりの職員の成長を願う"ココロ"が重要です。

● 職場研修を効果的にすすめるために、**経営者、管理職員、チームリーダー、職員へ積極的に働きかけ**ましょう。【図表20】参照

【図表19】職場研修担当者の役割

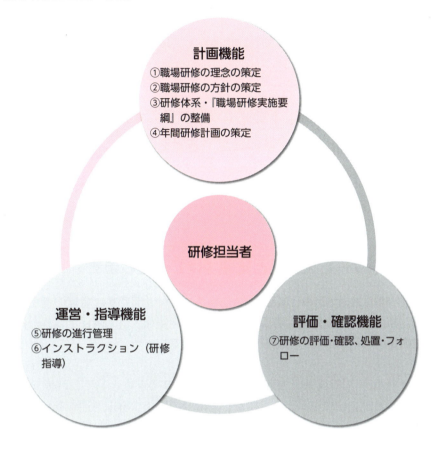

【図表20】役割行動としての三者への働きかけ

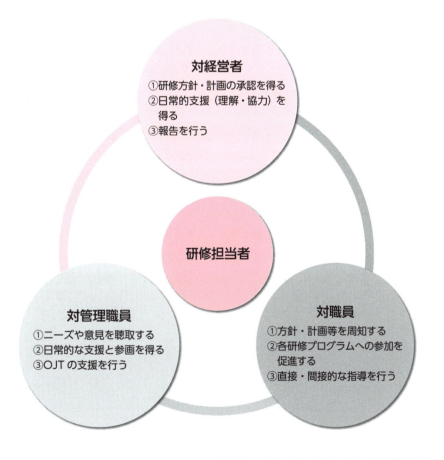

実践編 ● 第1章　職場研修の実施体制を整える　25

ステップ 2 職場研修の理念・方針を策定する

職場研修は、体系的、継続的に実施することによって効果が期待できるものです。そのためには、職場研修の理念や方針を策定し、それに従って研修施策を実施することが望まれます。

1 経営方針やサービス目標と関連づけて策定します

● **職場研修は、経営管理の一環としてとらえることが大切**です。組織の使命や目的、経営理念やサービス目標、事業計画の効果的な実現のためには、必要な人材の確保と育成が不可欠です。人材育成や職場研修の第一の意義はここにあるといってよいでしょう。

● したがって、①職場研修の理念・方針を策定する前提として、経営方針やサービス目標等を再度確認する必要があります。そのうえで、②職場の現状や将来見通しを分析し、③中長期の視点で人材育成の重点課題を明確にし、④それを実現するための指針として策定する、ことになります。基本的な流れは、【図表21】の通りです。

2 これまでの実績や成果の見直しを行います

● まず、**職場研修について、基本的な理念や方針が明確になっているかどうかを検証すること**です。また、過去にどのような研修が行われ、どのような成果が認められたか、職場内集合研修と職場外派遣研修を年度ごとに整理し、その成果を評価・確認してみるとよいでしょう。

● 一定の考え方に基づいて体系的、継続的に実施されてきたのであれば、その考え方や具体的施策の見直しを行えばよいことです。しかし、研修の取り組み姿勢に一貫性や計画性がみられないとか、研修らしきものさえまったく行われてこなかったという職場の場合には、職場研修に対する考え方（理念・方針）を改めて明確にすることが必要です。

● この場合、経営者（あるいは管理職員、チームリーダー等）と十分に相談して職場研修への問題意識を一致させることが重要です。どのような理念や方針で職場研修を行うかは、本マニュアルの基礎編で述べた各ポイントを参照しながらも、職場の実態や課題に即して構想することが大切です。

【図表 21】職場研修の理念・方針策定のフロー（チェック項目は例示）

①経営の方針、サービス目標を確認する

☐ 組織の使命・目的　　　　　　　　☐ 人事管理の理念・方針
☐ 経営理念、大切にしたい価値観　　☐ 評価システム
☐ 期待する職員像、職員行動指針　　☐ 業務マニュアル・サービスマニュアル
☐ 中期事業計画・年度事業計画

②職場の現状と将来見通しを分析する

組織内環境	外部環境
【強み】　　　　　　【弱み】	【機会】　　　　　　【脅威】
☐ 職員構成（年齢、キャリア） ☐ 職場や業務の仕組み ☐ 職員の確保と定着 ☐ モラール・モチベーション ☐ 利用者の現状	☐ 福祉ニーズの変化 ☐ 地域福祉 ☐ 関係事業体の動向（競合と連携） ☐ 制度改革・行政の動向

③中長期の視点で人材育成の重点課題を明確にする

☐ 職員の「専門性」「組織性」
☐ 人材育成施策の現状と問題点
☐ キャリアパスの構築とキャリアアップ支援
☐ 中長期の人材育成の課題

④職場研修の理念・方針を策定する

☐ 研修の目的と期待される人材像
☐ 職場研修の基本的な考え方
☐ 職場研修の目標
☐ 職場研修の方針と施策

実践編 ● 第 1 章　職場研修の実施体制を整える　27

職場研修の体系を構想する

ステップ 3 ★★☆

職場研修の体系は、主要な研修課題と研修施策を明らかにすることを通して構想します。「研修課題」とは職員が学ぶべき研修テーマのことであり、「研修施策」とはそのテーマを実現するための具体的な研修方法のことです。

1 「研修課題」は、階層別や職種別にリストアップします

● 研修体系を形づくるには、一般的に、タテ軸に研修対象者（階層や職種）、ヨコ軸に研修形態（OJT、OFF-JT、SDS）をおいて構想していきます。ここでは【図表22】の様式を用いて行いますが、複数の職種について研修体系を構想する場合には、1職種に1枚の様式が必要です。

● まず、「研修課題」を描くには、「タテ軸」にあたる階層別の研修対象者に着目して、それぞれに習得すべき課題をあげていきます（【図表22】の「主要な研修課題」の例示を参照）。当面の課題はもちろん、中長期の視点に立って、階層ごとに順を追い、どのような研修テーマが求められるかを構想していきます。

● 基礎編の「ポイント3」でふれた「求められる職員像」との違いは、「求められる実践行動」からさらに一歩すすめて、**「習得が望まれる能力」として描く**点です。「3つの能力〜価値観・態度、知識・情報、技術・技能」を念頭に、より具体的にリストアップできると、次の作業の「求められる研修施策」もより鮮明になってきます。

2 「主要な研修施策」は、3つの研修形態ごとに明確にします

●「主要な研修課題」が定まったところで、次に、「ヨコ軸」にあたる「主要な研修施策」をリストアップします。これは、3つの研修形態であるOJT、OFF-JT、SDSごとに、主要な取り組みを具体化していくものです（【図表22】の「主要な研修施策」の例示を参照）。

● 研修体系を構想するとなると、「すべての対象者にすべての研修形態を当てはめて、よい枝振りのものを描かなければ」と考えがちです。しかし、実施が困難なものまで盛り込んでは、まさに"絵に描いた餅"になってしまいます。大切なことは、職場研修の理念や方針を受けて、"何が主要な幹であるか"を明確に描くことです。

【図表 22】階層別の主要な研修課題と研修施策（様式例と記載例）

階層別	主要な研修課題	主要な研修施策
管理職員	・業務執行責任者として、状況を適切に判断し、部門の業務を円滑に遂行する。 ・職員の育成と労務管理を通じて組織の強化を図る。 ・提供するサービスの質の維持・向上に努める。 ・経営環境を理解し、上位者の業務を代行する。 ・他部門や地域の関係機関と連携・協働する。 ・教育研修プログラムを開発・実施・評価する。	① 【OJT】 ・OJT の実施を通じて自らも学ぶ（共育・自己教育） ・OFF-JT の指導体験 ② 【OFF-JT】 ・種別団体等の研修会への参加 ・マネジメント研修会への参加 ③ 【SDS】 ・自主研修（視野の拡大・マネジメント能力） ・異業種交流 等
チームリーダー	・チームのリーダーとして、メンバー間の信頼関係を築く。 ・チームの目標を立て、課題解決に取り組む。 ・上位者の業務を補佐・支援する。 ・当該分野の高度かつ適切な技術を身につけ、同僚・後輩に対してのモデルとしての役割を担う。 ・地域資源を活用して業務に取り組む。 ・チームリーダーとして、指導・育成等の役割を果たす。 ・研究活動や発表などを通じて知識・技術等の向上を図る。	① 【OJT】 ・計画的な OJT による指導 ・多様な職務体験の蓄積 ・後輩の指導を通じて学ぶ ② 【OFF-JT】 ・研究的要素の強い研修の実施 ・事例研究会の実施 ・リーダー養成研修への派遣 ③ 【SDS】 ・重要テーマによる自己啓発
中堅職員	・組織の中での自分の役割を理解し、担当業務を遂行する。 ・職場の課題を発見し、チームの一員として課題の解決に努める。 ・地域資源の活用方法を理解する。 ・後輩を育てるという視点をもって、助言・指導を行う。 ・業務の遂行に必要な専門的知識・技術等の向上を図る。 ・職業人としての自分の将来像を設定し、具体化する。	① 【OJT】 ・上司・先輩による機会指導および計画的指導 ・ケースカンファレンスの活用 ・初任者 OJT リーダーの体験 ② 【OFF-JT】 ・問題解決・研究テーマの学習 ・職場間の交流研修 ・職場外集合研修への派遣 ③ 【SDS】 ・研究的・開発的学習への支援 ・資格取得研修等への支援
初任者	・指導・教育を受けつつ、担当業務を安全・的確に行う。 ・組織・職場の理念と目標を理解する。 ・担当業務に必要な制度や法令等を理解する。 ・組織内の人間関係を良好にする。 ・福祉の仕事を理解し、自己目標の設定に努める。 ・仕事から生じるストレスを理解し、対処方法を身につける。 ・福祉・介護サービス従事者としてのルール・マナーを順守する。	① 【OJT】 ・初任者 OJT リーダーによる継続指導（業務マニュアル等の徹底） ② 【OFF-JT】 ・入職時のオリエンテーションや中間・期末等でのフォローアップ研修の実施 ③ 【SDS】 ・資格取得研修等への支援

実践編 ● 第 1 章　職場研修の実施体制を整える　29

ステップ4 『職場研修実施要綱』を策定する

職場研修の考え方や主な内容が定まったところで、『職場研修実施要綱』として取りまとめておくとよいでしょう。『要綱』は、職場研修の全体像を示すとともに、運用の基準となるものです。

1 職場研修の推進に必要な事項を、もれなく記載します

● 『職場研修実施要綱』は、研修の理念や方針をはじめ、主な施策の趣旨や内容、それらの運用等を定めた"職場研修の基本規程"として策定するものです。これまでのステップで具体化してきた内容を明文化して盛り込みます。記載項目例としては、①人材育成の理念と方針、②職場研修の体系、③推進体制、④研修管理、⑤OJTの推進、⑥OFF-JTの推進、⑦SDSの推進、などが考えられます。

● さらに盛り込みたいのは、研修の実施手続きについてです。具体的には、服務規程、実施・派遣・申請手続き、費用負担・清算の手続き、研修時間の取り扱い、報告・記録の手続き、といった内容が考えられます。特に、これらの項目は、就業規則の細則（研修関係規則）としての意味を持つものとして重要です。

● また、研修施策の全体を一覧で示した「研修体系図」も掲載します。これは、職員に職場研修の全体像をわかりやすくアピールする効果があります。一般的には、タテ軸に階層や職種等、ヨコ軸に研修形態をとった表の中に研修施策を書き込みます。

●「体系図」が示されることによって、職員は、活用できる研修資源の全体像を把握することができ、自分の自己啓発計画やキャリアアップに役立てることができます。また、研修担当者にとっては、この体系図に示された研修内容や相互のバランスを意識しながら研修管理をすすめることができます。

2 『要綱』は、職場全体に周知徹底します

● 『要綱』を策定して職場全体に示すことで、**職場研修の方針や内容が共有化されるとともに、実務をすめるうえでも根拠が明確**になります。職場研修を公正かつ円滑に推進するためにも、ぜひ、周知徹底しましょう。以上を踏まえた『要綱』と「体系図」の項目例を【図表23】と【図表24】に掲載しておきました。必要な内容を取捨選択し、または付け加えて、各職場の特性にあったものを策定することが望まれます。

【図表 23】『職場研修実施要綱』の内容項目（例示）

第1条【人材育成の理念と方針】
- 基本理念
- 求められる人材像
- 職場研修の方針

第2条【職場研修の体系】
- OJT の実施
- OFF-JT の実施
- SDS の実施
- 職場研修体系図

第3条【職場研修の推進体制】
- 職場研修の推進組織
- 職場研修担当者
- 職場研修推進委員会

第4条【職場研修の管理】
- 職場研修の計画
- 職場研修の実施
- 職場研修の評価・確認
- 職場研修の処置・フォロー

第5条【OJT の推進】
- OJT リーダー制度
- 日常、機会指導の OJT （個別指導・集団指導）
- 意図的、計画的 OJT （個別指導・集団指導）

第6条【職場内 OFF-JT の推進】
- 課題別、テーマ別研修会
- 階層、職種別研修会
- 事例研究会
- 職場内専門技術研修会
- 派遣研修報告会

第7条【職場外 OFF-JT の推進】
- 職種別団体実施研修会
- 研修機関実施研修会 (階層別等)
- 資格取得
- 視察、見学
- 法人・職場間交流研修

第8条【SDS の推進】
- 自主的な学習サークルや研究活動の支援
- 職能・種別・専門職団体、学会の行う研究会への参加支援
- 資格取得の支援 （通信教育、講習会への参加）
- 図書、文献、DVD ライブラリー等の貸出

第9条【実施手続き】
- 服務規程（決裁権者）
- 実施、派遣、申請手続き
- 費用負担、精算の手続き
- 研修時間の取り扱い （時間外、休日等の扱い）
- 報告、記録の手続き

【図表 24】「職場研修体系図」（様式および記載例）

	OJT	OFF-JT				SDS	
	日常・計画的指導	法人研修	施設研修	派遣研修		法人・施設研修	派遣研修
管理職員	職場指導を通じた自己啓発	マネジメント研修 / OJT推進研修 / 考課者研修	業種別・課題別専門研修	職能団体研修会	種別団体研修会	他法人・他施設交流研修・見学等 / 職務関連資格取得等の奨励 / 自主研修の奨励・学習会等の奨励・支援 / 課題研究・研究発表等の奨励と支援	資格取得等講習会等の機会の提供 / 学会・職能団体等の機会の提供
チームリーダー	職場指導を通じた自己啓発						
中堅職員	個別指導 / 集団指導	法人全体研修 / キャリアアップ支援研修 / 3年次職員研修 / プリセプター研修 / 職場交流研修					
初任者	プリセプターによる OJT	新任職員導入フォローアップ研修 / 新任職員導入研修					

福祉職員キャリアパス対応生涯研修課程
公的資格取得支援研修
（基礎・実務者研修等）

実践編 ● 第1章　職場研修の実施体制を整える　31

[実践編]

第2章
年度研修計画を策定する

● 本章では、年度研修計画の策定に関するステップを取りあげます。本マニュアルでは、年度研修計画の策定にあたり、「モデルシート」を活用することによって、必要事項を順次具体化できるよう設計しています。①「職場研修計画・評価シートを作成する」⇒②「年間スケジュール表を作成する」⇒③「個人研修（OJT）計画・評価シートを作成する」といった手順で行ってください。

● また、今後は、職員のキャリアに応じた中長期の育成計画を考えていくことが求められることから、④本人と上司が共同で「生涯研修（キャリアアップ）計画シートを作成する」ことにしています。

● 「モデルシート」を有効活用し、各ステップを具体化するよう期待します。

第2章の流れ

★★★＝すべての職場で取り組みたい項目
★★☆＝できれば取り組みたい項目
★☆☆＝さらに充実するための参考項目

ステップ5 ★★★　年度研修計画策定の手順をおさえる　（34ページ）

ステップ6 ★★☆　『職場研修計画・評価シート』を作成する　（36ページ）

ステップ7 ★★☆　『年間スケジュール表』を作成し、職員へ周知する　（38ページ）

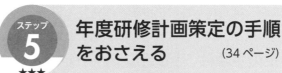

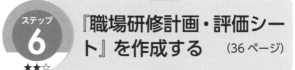

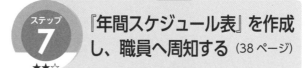

ステップ8 ★★☆　『個人研修（OJT）計画・評価シート』を作成する　（40ページ）

ステップ9 ★☆☆　『生涯研修（キャリアアップ）計画シート』を作成する　（42ページ）

ステップ5 年度研修計画策定の手順をおさえる

年度初めには、年度の職場研修計画を職員に周知することが大切です。年度の職場研修計画の策定は、通常、年度の「事業計画」策定と並行して行うことになりますが、ここでは、その手順をおさえておきましょう。

1 年度研修計画は、「参画型」での策定が望まれます

● 年度研修計画の策定は、職場研修に関するいわば事業計画の策定にあたるもので、重要なステップです。計画を具体化することで、年間の研修内容の大枠とスケジュールが定まり、業務との調整や財政（予算）面での措置を講ずることが可能になります。

● 職場研修は、組織としての研修ニーズと職員個々の研修ニーズとを調整、統合のうえ実施することで効果が上がるものです。そこで、年度研修計画の策定にあたっては、職場の方針を明確に打ち出しながらも、個々の職員や直属の上司の意向とも十分に調整を図りながら、**「参画型」で策定すること**が望まれます。

●「事業計画」に連動して策定するとすれば、通常は前年度の2～3月頃に策定するのが一般的です。4月早々には、職員に年度研修計画を周知することです。

2 計画策定の手順は、「モデルシート」でおさえます

● 本マニュアルでは、年度研修計画の策定にあたって「モデルシート」を活用することにします。このシートは、計画策定の手順に即して、必要項目を順次具体化できる（書き込める）よう設計しています。「モデルシート」の様式を一つの参考例にしながら、各職場の実情に応じて適宜様式を作成し、活用すると効果的です。

●「モデルシート」を活用した計画策定の手順は、次のような流れになります。基本的な流れを確認したうえで、次のステップへ進んでください。【図表25】参照
① 『職場研修計画・評価シート』を作成する
② 『年間スケジュール表』を作成し、職員へ周知する
③ 『個人研修（OJT）計画・評価シート』を作成する
④ 『生涯研修（キャリアアップ）計画シート』を作成する（必要に応じて）

34

【図表25】年度研修計画策定の手順

1．「職場研修計画・評価シート」を作成する（研修担当者）

①職場研修の理念・方針を再確認する
②今年度の研修課題・ニーズを分析する
③今年度の重点テーマ・施策を決める
④今年度の研修メニューを決める
　―OJT、OFF-JT、SDS を具体的に

2．「年間スケジュール表」を作成し、職員へ周知する（研修担当者）

⑤OJT、OFF-JT、SDS の年間スケジュールを記入する
⑥直属上司を通して、各職員に周知する

3．「個人研修計画・評価シート」を作成する（職員と上司の共同）

＊「職場研修計画」、「スケジュール」をもとに面談を行う。
⑦年度の職員個人の研修課題・ニーズを分析する
⑧年度の職員個人の重点テーマと目標を定める
⑨活用する研修施策を具体的に定める
⑩年度の個人スケジュールを整理し記入する

4．「生涯研修（キャリアアップ）計画シート」を作成する（職員と上司の共同）

⑪これまでの担当業務、研修実績、自分の強み弱みを記入する（職員）
⑫職場と本人の将来ビジョンを描き、本人の能力開発プランを構想する
　（職員と上司が相談のうえ作成）
⑬組織の決裁を受ける

（必要に応じて作成する）

ステップ 6 『職場研修計画・評価シート』を作成する
★★☆

『職場研修計画・評価シート』【図表26】は、職場研修計画を策定するときに活用するものです。「シート」の1～4までを具体化することで、年度計画の基本方針が明確になります。このシートは、研修の評価・確認のステップでも使用することができます。

1 「職場研修の理念・方針」を再確認します

● まず、**職場研修の理念・方針を再度確認すること**が大切です。年度研修計画といっても単年度の課題のみに着目すればよいというものではなく、中長期の視点から体系的、継続的に取り組まなければならないものもあるからです。

2 「今年度の研修課題・ニーズ分析」を行います

● ここでは、2つの視点からアプローチすることが必要です。まず第一は、**前年度の研修評価から今年度の課題を明らかにすること**です。①前年度から継続しなければならない課題、②反省に基づき改善しなければならない課題、を明確にします。

● 第二に、**新たな視点で「今年度の研修ニーズ」を把握すること**です。研修ニーズの把握は、「三者ニーズ」に着目しながら「職務遂行のためのニーズ」と「人材育成のためのニーズ」の両面を分析することになります。

3 「今年度研修の重点テーマ・目標」を明らかにします

● 研修課題の整理やニーズ分析を踏まえて、次に、今年度の研修の重点テーマや目標を明確にします。これは、年度研修計画の基本方針となるもので、**重点指向でテーマや目標の充実を図ること**は、職場研修の活性化にとって有効な手法です。

4 「今年度の具体的研修計画（メニュー一覧）」をリストアップします

●「今年度の具体的研修計画」は、すべての研修施策の具体的なメニューをリストアップすることになります。各職員や上司が『個人研修（OJT）計画・評価シート』を作成する際に参考にできるよう、必要情報を6W2Hの視点（なぜ、だれが、だれに、いつ、どこで、何を、どのように、どのくらい）で明記しておくことが大切です。

【図表 26】「○年度 職場研修計画・評価シート」（様式例および記入例）

○年度　職場研修計画・評価シート

施設長			●計画決済　　年　月　日
担当			●評価決裁　　年　月　日

1．職場研修の理念・方針

＜当施設における人材育成の考え方＞
(1) サービスの質の向上と効率性の確保、健全な経営基盤の確立に貢献する。
(2) 法人の理念・サービス目標、年度方針の周知、徹底を図る。
(3) 大切にしたい価値観、期待する職員像の理解、体現を促進する。
(4) 職員のキャリアパスを支援、チームケアの質の向上をめざす。
(5) 人事考課・面接制度と連携し、人材育成をめざす。

2．今年度の研修課題・ニーズ分析

＜前年度の評価・確認から＞
・人材確保・定着のため人事制度と連動した指導支援の強化が課題である。
・初任者に対する「OJT リーダー」の資質向上が必要である。
・法人の理念・大切にしたい価値観の更なる周知・徹底が必要である。

＜今年度の研修ニーズから＞
・キャリアステージに応じたキャリアアップ支援が必要である。
・認知症に対する理解と対応スキルの向上が必要である。
・メンタルヘルス、健康の自己管理意識の向上が必要である。

3．今年度研修の重点テーマ・目標

(1) 職員のキャリアパスに対応した階層別研修の再構築を図る。
(2) 法人理念及び年度方針の周知と共有をめざす法人全体研修を実施する。
(3) メンタルヘルス・腰痛予防マニュアル作成と周知・共有化を図る。
(4) 認知症について学び合う場を創設する。

4．今年度の具体的研修計画（メニュー一覧）

(1) OJT の推進
　①ケースカンファレンス等を活用し、認知症の理解と対応スキルの向上を図る。
　②全職員を対象に「生涯研修（キャリアアップ）計画」を策定し、育成面接を実施する。
　③OJT リーダーに対し、マニュアルに基づく指導を行う。
(2) OFF－JT の推進
　①職場内 OFF-JT
　　・研修体系に基づく階層別研修の実施
　　　（とくに、OJT リーダー研修、メンタルヘルス研修）
　　・研修体系に基づく専門研修の実施（別途リスト参照）
　②職場外 OFF-JT
　　・福祉職員キャリアパス対応生涯研修課程への派遣（各階層）
　　・その他、派遣研修の実施（別途リスト参照）
(3) SDS の推進
　①SDS の公募制を導入する（4 月）
　②実践研究・発表会への自主的参加の奨励支援
　③専門資格取得の奨励支援（面接及び環境整備）
　④その他、自主的研修会参加等の奨励支援

5．職場研修の年間スケジュール表（別紙）

6．重点テーマ・目標の評価・確認

7．具体的研修計画の評価・確認

実践編 ● 第 2 章　年度研修計画を策定する　37

ステップ7 『年間スケジュール表』を作成し、職員へ周知する
★★☆

『年間スケジュール表』【図表27】は、『職場研修（OJT）計画・評価シート』作成の一環で記入するものです。しかし、重点テーマや目標を策定しない場合にも、『年間スケジュール表』だけは作成し、職員へ周知することが大切です。

1 重点項目や期日が定まっているものを優先的に記入します

● 年間スケジュール表には、まず『職場研修計画・評価シート』にあげられている**重点テーマや目標を優先的に記入すること**が必要です。これらの項目は、スケジュール表の上でも重点管理していくことが望まれます。

● 次に、各研修形態別の具体的研修メニューの優先順位を考慮しながらスケジュール表に書き込みます。実務的には、期日が確定しているものを先に記入し、期日が不確定のものについては大まかな時期を書き込んでおきます。

2 「事業計画」との調整や研修施策相互の連携を考慮して配置することが大切です

● 研修の実施時期は、業務上の繁忙期や「事業計画」に折り込まれている他の行事等との調整を行っておくことが大切です。さらに、主要な事業の流れに沿って、これをフォローアップするための研修を計画するといった発想も重要になります。

● また、**OJT、OFF-JT、SDS の連携の視点**も大切です。OFF-JT で新たな知識付与や動機づけを行い、OJT でしっかりと定着させ、SDS で自主的に深めさせるといった組み立てを配慮することで、研修効果は相乗的に高まります。

3 計画の承認を得て、職員へ周知します

● 年度研修計画（年間スケジュールを含めて）は、役員会などの承認を得たうえで、**年度初めに職員へ周知すること**になります。

● 一般職員への周知は、その職員の OJT を担当する直属の上司を通じて行うことが望まれます。年度研修計画に沿って、個別の OJT（とくに「意図的・計画的 OJT」）を推進するうえで、上司と職員の関係が重要になるからです。

【図表 27】「○年度 職場研修年間スケジュール表」（様式例及び記入例）

○年度　職場研修年間スケジュール表

「職場研修計画・評価シート」別紙

■＝今年度の重点テーマ

	OJT	OFF-JT		SDS	
		職場内	職場外	職場内	職場外
4	□新任職員へのOJTリーダーの配置	□新任職員研修	□ビジネスマナー研修	■介護福祉士資格取得自主勉強会（毎月）	
5	■中堅職員への育成面接	■メンタルヘルス研修	■福祉職員キャリアパス対応生涯研修課程初任者コース（県社協） □施設長研修会（県社協）		
6		■OJTリーダー研修	■福祉職員キャリアパス対応生涯研修課程中堅職員コース（県社協）		□海外福祉施設視察
7		■メンタルヘルス研修	■福祉職員キャリアパス対応生涯研修課程チームリーダーコース（県社協）	□介護支援専門実務研修受講試験対策（〜10月まで）	
8		□人権擁護研修会	□リスクマネジメント研修		□社会福祉士会県支部研修会・総会 □介護福祉士会権支部研修会・総会
9	□上半期総括	■メンタルヘルス研修	■福祉職員キャリアパス対応生涯研修課程管理職員コース（県社協）		
10			□感染症対策研修会（県社協） □看護職員研修会（県社協）		
11		■メンタルヘルス研修 □感染症対策研修	□社会福祉法人経営者研修会		□日本介護福祉士会全国研究大会
12			□社会福祉トップセミナー		
1		■メンタルヘルス研修			
2	□年度総括		□ユニットケア研修会	□施設内研究発表会	
3					

ステップ 8 『個人研修（OJT）計画・評価シート』を作成する

『個人研修（OJT）計画・評価シート』【図表 28】は、個別の年度研修計画を本人や上司の参画を得ながら作成するものです。個人の研修ニーズと組織の研修ニーズを調整し、研修の効果的な実施をめざすものです。

1 職員自身が、上司と面談のうえ作成します

● 年度研修計画（スケジュールを合めて）の周知を受けて、職員および上司はそれぞれの立場で個別の研修計画を考えることになります。一人ひとりの職員が①今年度どのような重点テーマや目標をもって研修に臨み、②また、どのような機会や方法で研修に参加するかを考えます。このプロセスを「モデルシート」を活用しながら効果的に実施しようというのが「個人研修（OJT）計画・評価シート」の趣旨です。

● 「シート」は、**職員と上司が面談のうえ作成すること**になります。作成は、次のような手順で行います。
　①職場研修の年度計画を上司が説明し、「シート」を配付する。
　②面談日を決め、それまでに「シート」に希望を書き込むよう指示する。
　　（2 年度目からは、前年度の評価を踏まえて記入する）
　③上司も、面談日までに要望事項等をまとめておく。
　④面談の場でよく話し合い、「シート」を完成する。
　⑤「シート」のコピーを上司もしくは研修担当者に提出する。

2 面談を効果的に実施することが大切です

● 個別の研修計画は、上司が一方的に割り当てたり、命令的に決定するのではなく、できるだけ本人の希望を尊重し、しかも、育成責任を担う直属の上司の意向を反映しながら策定するのが、この「シート」の趣旨です。制度の趣旨が活かされるためには、上司と職員との面談が重要になります。**信頼関係に基づいて、じっくり本音の話し合いを行うことが大切です。**

● なお、個々の研修内容について、上司と職員が職場で対話できるような素地が整っていない職場では、このような「シート」を活用して計画を立てること自体に抵抗感があり、かえってマイナスに作用する場合があります。研修担当者として、職場の実態をよく診断し、シート活用の可否を判断する必要があります。

【図表 28】「○年度 個人研修（OJT）計画・評価シート」（様式例及び記入例）

○年度　個人研修（OJT）計画・評価シート

本 人 氏 名		施設長	
上 司 氏 名		担当	
計画決済日		評価決済日	

1．今年度の研修課題・ニーズ分析

＜本人の希望（本人記入）＞ ①３年以内に介護福祉士の資格を取得したい。 ②他の施設や他職種の人たちとの交流を深めたい。 ③各種研修への参加の機会を積極的に与えてほしい。	＜上司としての要望（上司記入）＞ ①介護実践の場で、後輩指導の役割を積極的に果たしてほしい。 ②ケースカンファレンスにもう少し積極的に参加してほしい。 ③資格取得への挑戦は賛成です。

2．今年度の重点テーマと目標（上司と面談の上、設定する）

●介護福祉士受験のため準備講習を受講する。

●ワークショップ型の外部研修に参加する。

●OJTリーダーの役割を遂行する。

3．具体的研修計画（機会・方法と支援策）

（1）OJTの活用 （2）OFF-JTの活用 （3）SDSの活用	＜本人の計画（本人記入）＞ (1) ・新人指導を通じて自らも学ぶ。 ・ケースカンファレンスに積極的に参加する。 (2) ・事前準備を行い、研修に参加する。 (3) ・介護福祉士受験準備講習を受講する。 ・外部研修に参加する。	＜上司の援助策（上司記入）＞ ・OJTリーダーは、ぜひ役割を全うして下さい。 ・ぜひ積極的に参加して下さい。 ・公募制度に応募して下さい。私も推薦します。

4．年間研修スケジュール

4月	5月	6月	7月	8月	9月	10月	11月	12月	1月	2月	3月
					準備講習受講						
					ケースカンファレンスへの参加						
					OJTリーダーとしての役割						
			●ワークショップ型研修参加				●外部研修会への参加（自主参加）				

5．今年度の重点テーマと目標の評価・確認（期末）

本人評価：
上司評価：
本人評価：
上司評価：
本人評価：
上司評価：

6．具体的研修計画の評価・確認（期末）

＜本人評価＞ ＜上司評価＞

実践編 ● 第２章　年度研修計画を策定する　41

ステップ9 『生涯研修（キャリアアップ）計画シート』を作成する

★☆☆

個人の研修計画は、単年度だけで発想するのではなく、生涯研修（キャリアアップ）の発想を踏まえ、中長期の視点からとらえていくことが大切です。この考え方を具体化するのが【図表29】の「シート」です。

1 「シート」の趣旨を職員に周知することが大切です

● この「シート」の作成は、年度研修計画の作成にとって、必ずしも不可欠なものではありませんが、**個々の職員のキャリアアップを中長期の視点で計画的に実現していこうというもの**です。「福祉職員キャリアパス対応生涯研修課程」（全国社会福祉協議会）の考え方を職場研修の中に位置づけ、具体化をめざすものです。

● キャリアパス（職業人生の進路・道筋）の考え方は、個々の職員が、自分の将来の姿（専門性のレベルや役割階層等）を描きながら、それに向かって中長期のキャリアアップのプランを立て、啓発努力することに対して、組織として積極的に支援していこうとするものです。

● 職員は、まず、これまでのキャリアや自己啓発の実績、自己の強みや弱みをリストアップし、現状の自分の正しい自己認知に努めます。そのうえで、職場や自分の将来ビジョンを描き、中長期の視点でプランを立てることになります。職場の上司が、このようなプランづくりに積極的に関わることによって、職場としても長期的な視点で人材を育成することができるようになります。

2 3～5年ごとに、上司と面談のうえ作成します

● このような仕組みは、**職員のキャリアステージの節目で実施する**のが有効です。ここでは、原則として3～5年ごとのサイクルで改定（書き換え）していくことを想定します。
・「シート」の作成は、次のような手順で行います。
　①直属上司を通じて対象者に趣旨を説明し、「シート」を配付する。
　②「シート」の1～5までは、本人が記入する。（自己認知を深める）
　③6～8は、本人と上司が面談のうえ記入する。
　④本人、上司のそれぞれが、9を記入し施設長等の承認を得る。
　⑤「シート」のコピーを研修担当者に提出する。

【図表 29】「生涯研修（キャリアアップ）計画シート」（様式例および記入例）

生涯研修（キャリアアップ）計画シート

本 人 氏 名		施設長	担当
上 司 氏 名			
作成年月日		次期改定予定	

1．現在までに担当した主な業務

職種（年代順）	時期	年数
介護職員（○○ユニット）	○年〜○年	4年
主任介護職員（△△ユニット）	○年〜○年	2年

2．最も成果をあげたと思う業務

業務名（年代順）	いつ	どこで	どのような点で
日常介護	○年	○○ユニット	モデルケア計画の策定

3．最も自分の能力を伸ばしたと思う業種

業務名（年代順）	いつ	どこで	どのような点で
認知症ケア	○年	○○ユニット	認知症ケアの基本
施設内行事の担当	○年		リーダーシップ

4．これまでの自己開発（研修）の実績

職場内外で受講した研修	取得した資格
• 新任職員研修 • 福祉職員キャリアパス対応生涯研修課程初任者コース（○年度） • 認知症ケア研修会（○年度）	• 介護職員初任者研修

OJTで上司（先輩）から学んだ内容

- ケアの基本
- チームケアの大切さ
- 介護過程の展開
- 施設内行事の計画と運営について

5．自分の強み（長所・持ち味）と弱み（短所・不得意）

どんな強み	仕事への活用状況	どんな弱み	対処・改善の状況
• 器用さ • 地道な努力家	• 日常介護に活用 • 継続的な改善努力をしている	• 内向的性格 • 体系的知識不足	• 笑顔で接するよう心がけている • 資格取得へのチャレンジ

6．職場の将来ビジョン（職場の課題や将来像を考えてみる）

- 施設介護に加え、今後は、デイサービスやショートステイ等の充実を図り、将来的には地域における在宅サービスの拠点施設を目指す。

7．本人の将来ビジョン（本人のめざす方向を考えてみる）

- これまで培ってきた専門性の体系化を図ること（介護福祉士の資格を取得する）
- 在宅ケアのコーディネーターとしての資質の向上を目指す

8．本人の能力開発プラン

	能力開発の課題（資格取得等含む）	取得方法（①OJT、②OFF-JT、③SDS等）
短期（1〜2年）	別掲（個人研修（OJT）計画・評価シート）	
中期（3〜5年）	• 介護福祉士の資格取得を目指す（3年以内）	• 受験準備講習の受講
長期（6〜10年）	• チームリーダーとしての資質能力の向上 • 在宅ケアのコーディネーターとしての資質の向上	• ケースカンファレンスへの積極的参加 • OJTリーダーとしての役割遂行 • 外部研修等への積極的参加

9．計画についてのコメント

本人	• 将来の目標を目指して、地道に努力したいと思います。
上司	• 日常業務を通じて、リーダーとしての信頼性を獲得してください。私も支援します。
施設長	• 適切な目標（計画）です。頑張ってください。

実践編

第3章
OJTを推進する

● 本章からは、職場研修の基本形態である OJT、OFF-JT、SDS について、具体的な推進施策と推進上の留意点を解説します。

● OJT は、職場で直接職員を指導する立場にある管理職員やチームリーダーが行うものです。したがって、研修担当者は、管理職員やチームリーダーの行う OJT を方向づけ、支援する立場になりますが、本章では、まずその基本的な考え方を提示しています。

● 各ステップの構成内容は、管理職員やチームリーダーが実際に OJT を行う場合の指針となるものですから、必要に応じて本章の内容を周知すると効果的です。

第3章の流れ

★★★＝すべての職場で取り組みたい項目
★★☆＝できれば取り組みたい項目
★☆☆＝さらに充実するための参考項目

ステップ10 ★★★　OJT とは何かのコンセプトを共有すること（46ページ）

ステップ11 ★★★　OJT の推進体制を明確にする（48ページ）

ステップ12① ★★★　「日常の機会指導」を意識的に実践する（50ページ）

ステップ12② ★☆☆　効果的な指導方法を徹底する（52ページ）

ステップ12③ ★★☆　「集団指導」の OJT を意識的に推進する（54ページ）

ステップ12④ ★☆☆　育成マインドの醸成を図る（56ページ）

ステップ12⑤ ★☆☆　「ほめ方、注意の仕方」に留意する（58ページ）

ステップ12⑥ ★☆☆　対象別・目的別の OJT を効果的に実践する（60ページ）

ステップ13① ★★☆　「意図的・計画的指導」を実践する（62ページ）

ステップ13② ★☆☆　初任者の指導に「OJT リーダー」をつける（64ページ）

ステップ10 OJTとは何かのコンセプトを共有すること

OJTは、職務を通じての研修であり、職場の上司や先輩が部下や後輩に対して実践するものです。役割を担う上司や先輩が、OJTとは何かについて、共通のコンセプト（考え方）で実施することが大切です。

1 OJTのコンセプトを共有することが大切です

● OJTの基本コンセプトは、【図表30】に示した通りです。まず、「**OJTとは、上司や先輩が、部下や後輩に対して、職務を通じて、職務に必要な価値観・態度、知識・情報、技術・技能等を指導育成するすべての活動である**」という基本定義の共有化が必要です。

● 基本定義の内容は、次の4つの要素に分解して押さえておくとよいでしょう。
①職場の「上司や先輩が、部下や後輩に対して」行う指導育成活動である。
②「職務を通じて」行う指導育成活動である。
③「職務に必要な価値観・態度、知識・情報、技術・技能等」を対象に行う指導育成活動である。
④指導育成の方法はいろいろあるが、その「すべての活動」である。

2 「実践上の指針」の共有化が望まれます

● OJTの「実践上の指針」としては、4つのポイントがあります。ポイントのそれぞれの意味を共有することが大切です。【図表30】参照

● OJTには、「日常の機会指導」と「意図的・計画的指導」があることを確認します。「日常の機会指導」を意識的に実践するとともに、OJTの対象者や指導項目を特定して実施する「意図的・計画的指導」を行うことが重要です。

● また、OJTには、「個別指導」と「集団指導」があります。「個別指導」には、業務遂行や問題解決場面での指導・助言、同行訓練などがあり、「集団指導」としては、ミーティングやケースカンファレンス等の活用があります。両者を組み合わせて実践することが期待されます。

● OJTは、「職務に必要な価値観・態度、知識・情報、技術・技能等」を指導育成することが目的ですが、それは、単に現在の職務に必要とされる能力（職務遂行能力）を向上させるだけではなく、将来に向かって専門性や組織性を高め「人材として育てる」ことをめざすものです。

● OJTは、**育成面談を通して研修ニーズや目標を上司（先輩）と部下（後輩）が相互調整・共有化し、自己啓発の課題やテーマを方向づけることが大切です**。【図表31】参照

【図表 30】OJT の基本定義（概念）

基本定義

OJT とは、上司や先輩が、部下や後輩に対して、職務を通じて、職務に必要な価値観・態度、知識・情報、技術・技能等を指導育成するすべての活動である。

実践上の指針（ポイント）

① 「日常の機会指導」に加えて「意図的・計画的指導」を実践する。
② 「個別指導」と「集団指導」の両面からアプローチする。
③ 「職務遂行能力の向上」に加え、「人材育成」をめざす。
④ 育成面談を通じて研修ニーズ、目標の相互調整と共有化を図る。

【図表 31】OJT の特徴とメリット

①	日常の職務に直結した実践的指導育成が行える。
②	部下の特性や研修ニーズに応じたきめ細やかな指導育成ができる。
③	日常の機会をとらえて、いつでも、どこでも実施できる。
④	計画的・継続的な指導育成が行える。
⑤	研修効果が直ちに判断でき、フォローアップが容易である。
⑥	職場で培われた技術やノウハウの伝承ができる。
⑦	後継者の育成に効果的である。
⑧	上司と部下、先輩と後輩の信頼関係を深めることができる。
⑨	人材を育成する職場風土が醸成される。
⑩	原則として費用がかからない。

実践編 ● 第 3 章　OJT を推進する

ステップ11 OJTの推進体制を明確にする

OJTを推進し、職場に定着させるためには、実践主体となる職場の上司（管理職員やチームリーダー）の当事者意識を高めることが大切です。また、活性化のための支援施策の推進が期待されます。

1 OJTは、管理職員やチームリーダーの"本来業務"です

● 管理職員やチームリーダーは、組織やチームの責任者であり、構成メンバーを指導育成する責任があります。職員の能力が不足であれば、円滑な業務遂行ができないし、組織やチームとしても満足な結果を得ることができません。つまり、**OJTは、管理職員やチームリーダーにとって"本来業務"であると認識すべきもの**です。

● しかし、実際には、"忙しくて職員指導どころではない"とか、"職員指導は研修担当者の仕事だ"といった考え方をする人も少なくありません。これは、"本来業務"としての役割認識が薄いことから起こる問題です。【図表32】参照

● 研修担当者としては、OJTの実践当事者である管理職員やチームリーダーに正しい役割認識を徹底するとともに、誰が誰のOJTを担当するかについて、推進組織図を明確にすることが大切です。【図表33】参照

2 研修担当者は、支援施策を推進します

● OJTは職場の上司や先輩が行うものだからといって、管理職員やチームリーダーに任せっぱなしにしていたのでは、成果はあがりません。**研修担当者には、活性化のための支援施策の推進**が期待されます。

●「ステップ10」で示した「OJTのコンセプト」を共有化し、「日常の機会指導」を意識的に実践するよう徹底するとともに、「意図的・計画的指導」に取り組むよう意識づけることが大切です。

● また、OJTに関する積極的な広報や啓発活動を行うとともに、「OJT推進マニュアル」を作成するとか、「OJT推進研修」を実施するといった積極的な支援策が有効です。

● 初任者に対するOJTについては、専任の指導者（初任者OJTリーダー）をつけて制度的に推進すると効果的です（「ステップ13-②」参照）。

【図表32】OJTに対する誤解

①	OJTとは何か。意味がよくわからない。
②	職員指導は研修担当者の仕事だと思う。
③	職務を通じた指導は、いまさら言われなくてもやっている。
④	忙しくて職員の指導育成に手がまわらない。
⑤	職員を指導できるほど自分は専門家ではない。
⑥	やる気のない者にOJTなどと言っても仕方がない。
⑦	大事さはわかっているが、どうすればよいのかわからない。

【図表33】OJTの推進体制

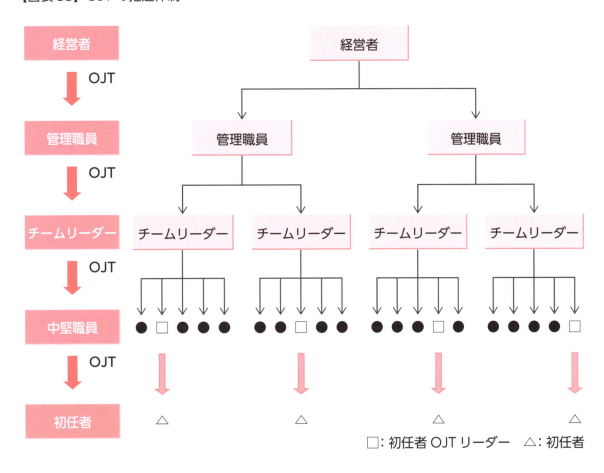

実践編 ● 第3章　OJTを推進する

「日常の機会指導」を意識的に実践する

管理職員やチームリーダーは、「日常の機会指導」を意識的に行うことが大切です。ここでは、どんな機会にどのような指導を行うのが望ましいのか、代表的な例を見ておきましょう。

1 職務遂行のあらゆる場面が OJT の機会です

● 職員に仕事を割り当て打ち合わせを行うとき、職員が何か問題を起こし困っているとき、職員の仕事が完了したとき、また、職員が相談に来たときや職務を離れて会議や出張などに出かけるときなど、「日常の機会指導」として OJT を行う場面は随所にあります。

● OJT の実践主体である職場の上司や先輩は、こうした場面を"OJT の機会"として積極的に活用していこうという意識が必要です。その意識がなければ、せっかくの機会も単なる職務遂行のプロセスでしかなくなってしまいます。【図表34】参照

2 次の5つのポイントに着眼する必要があります

● 「仕事（ジョブ）が人を育てる」。これは OJT の真髄です。職員を自ら成長する存在として認め、育成を促進するような仕事の与え方をすること、良質な仕事経験の場や機会を与えることが大切です。

● 「日常管理のすべてが OJT」。管理職員やチームリーダーが行う日常の活動のすべてが結果として育成に関係しています。たとえば、目標設定や日常のスケジュール管理、指示・指導やミーティング、報告に基づく結果の確認や処置等、育成的マネジメントの実践が求められます。

● 「職場風土が人を育てる」。職員は、どのような職場風土に置かれるかによって成長が著しく異なるものです。ぬるま湯的な風土ではなく、お互いを尊重し、学び合う健全な職場風土の醸成が大切になります。

● 「職員は上司・先輩の後姿に"まねぶ"」。"子は親の後姿を見て育つ"と言われますが、職場においても、職員は常に上司や先輩の日常行動をモデルにし、観察・模倣しながら育っています。育成者にふさわしい範を示すことが大切です。

● 「日常のフィードバックが大切」。日常のさまざまな場面で、適宜適切な助言やアドバイスを行い、フィードバックすることが大切です。日常の機会指導を適切に行うためには、職員に対する強い関心が前提になります。期待する方向や基準をしっかり示し、そのプロセスや結果についてポジティブなフィードバックを行うのが基本です。

【図表34】代表者なOJTの機会と方法

① 職員に仕事を割当て、打ち合わせを行うとき
- 計画への参画
- 目標設定
- 指揮命令
- 朝礼／業務打ち合わせ会
- 業務研究会 等

② 職員が仕事を遂行しているとき
- 部下の能力を的確に把握し、必要に応じて指導する
- OJTの機会は無数

③ 職員が上司との接触を図ってきたとき
- 的確な指示／助言／励まし
- 問題意識を持たせ動機づける 等

④ 職員の仕事が終了したとき
- 仕事の出来ばえに関する評価
- 仕事の結果について意見交換 等

⑤ 上司や職員が仕事から離れたとき
- 出張等で職場を離れるとき
- 仕事の引き継ぎや報告
- 権限の委譲

⑥ 意図的に経験の機会を提供するとき
- 意図的に経験の場を与える
- 会議や折衝の場への同行
- 代理出席 等

⑦ 特別に機会を設けるとき
- 課題を与えて研究させる
- 勉強会や研究会を開く
- 読書指導を行う
- 見学 等

● 「教える」指導法
- 教える
- 説明する
- 助言する
- 話し合いで気づかせる
- 注意する
- ほめる
- 会議で指導する

● 「見習わせる」指導法
- やって見せる
- 率先垂範する
- 経験や考え方を話す
- 仕事を手伝わせる
- 会議その他へ同行する

● 「経験させる」指導法
- 実際にやらせてみる
- 仕事を分担させる
- 権限を委譲する
- 意思決定に参画させる
- 会議に出席させる
- 報告を求める

● 「動機づける」指導法
- 励ます
- ほめる
- 失敗を慰める
- 不平、不満を聴く
- 相談に乗る
- 目標を持たせる
- 職務を拡大する
- 責任を持たせる

● 特別の指導法
- 読書指導
- 課題研究
- 教育的配置

効果的な指導方法を徹底する

ステップ 12②

「日常の機会指導」を意識的に行い、効果的な指導を行っていくためには、職員の理解度や成熟度、学習曲線等に着目しながら、「教える」（ティーチング）、「気づかせる」（コーチング）が基本となりますが、多様な方法を活用することが必要です。ここではそのポイントを整理しておきましょう。

1　4つの代表的な指導方法があります

● OJTの代表的な方法としては、「教える」指導法、「見習わせる」指導法、「経験させる」指導法、「動機づける」指導法があります。前ページ【図表34】参照

● もっとも基礎的、直接的な方法として「教える」という指導法があります。この方法は、指導者が、教える内容についてしっかりとした知識や技術を持っている場合に有効です。教え方については工夫が必要であり、職員の理解度や成熟度に応じて、①すべてを教える、②概要を説明する、③考え方や方向を助言する、④学び方を示す等、教えられる側の自主性や主体性を尊重することが大切です。

● 初任者に仕事を教える場合とか、新しい仕事を担当させる場合、TWI（監督者研修の定型コース）で標準化されている「仕事の教え方4段階」を活用するとよいでしょう。【図表35】参照

●「見習わせる」という指導法は、手本を示し、職員に見習わせ、気づかせ、考えさせるというものです。仕事の基本的なやり方や手順は、口で説明するより見習わせることが有効ですし、目に見えない職業意識や責任感、リーダーシップといったことについても、上司の後ろ姿や率先垂範の行動から見習うという面があります。

●「経験させる」ということは、人間の成長にとって極めて大きな影響をおよぼすもので、学習の原点です。実際に仕事を経験させる、分担させるといった基礎的なものから、仕事を代行させる、権限を委譲する、意思決定に参画させるなどの高度なものまで、幅広い範囲のものが含まれます。経験に頼りすぎて経験至上主義になってしまう弊害を防ぐために、知識と経験の調和を図っていくことが大切です。

● 成長の原動力は、自ら学ぶことであり、本人の主体的な学習意欲にあります。教え込もうとするのではなく、自ら学びとるように「動機づける」ことが大切です。そのために適切な目標を立てるよう働きかけることが重要です。励ます、ほめる、といった日常的な動機づけから、やりがいのある職務を与える、適切な目標を設定する、責任・権眼を与える等、ここにも多様な方法があります。

2 「読書指導」や「課題研修」など特別の指導法があります

● 「読書指導」や「課題研究」など特別の指導法があります。また、勤務時間外等の交流の機会をつくり、じっくり話し合うといったことも有効です。

【図表35】ティーチングの基本「仕事の教え方4段階」・コーチングの基本姿勢と基本技術

ティーチングの基本「仕事の教え方4段階」

第1段階：習う準備をさせる
①気楽にさせる、②何の仕事をやるかを話す、③その仕事について知っている程度を確かめる、④仕事を覚えたい気持ちにさせる、⑤正しい位置に着かせる

第2段階：仕事の内容を説明する
①主なステップをひとつずつ言って聞かせて、やって見せて、書いて見せる、②急所を強調する、③ハッキリと、抜かりなく、根気よく、理解する能力以上を強いない

第3段階：実際にやらせてみる
①やらせてみて、間違いを直す、②やらせながら、説明させる、③もう一度やらせながら、急所を言わせる、④「わかった」とわかるまで確かめる

第4段階：教えた後を見る
①仕事につかせる、②わからないときに聞く人を決めておく、③たびたび調べる、④質問するようにしむける、⑤だんだん指導を減らしていく

コーチングの基本姿勢と基本技術

1．基本姿勢（関心と観察）
① 職員の成長を願い、常に積極的な関心をもつ
② 職員の自主性や自発性を尊重し、気づきを促す
③ 職員の持ち味や存在能力に着目する

2．基本技法
① 積極的傾聴：メンバーの意思や気持ちを受け止める
② 効果的な質問：効果的に質問し、自覚と意識化を図る
　• 順調なときは、「成功の方程式」を導き出す
　• 悩みや迷い、不安があるときは、それを明確にする
③ 課題の整理と助言
　• 事実の整理、到達ゴール、リソースの吟味、オプションの整理、意思の確認
　• プラスリスト、称賛（承認）、助言、経過目標の設定

実践編 ● 第3章 OJTを推進する | 53

ステップ 12 ③ 「集団指導」のOJTを意識的に推進する

OJTは、1対1の個別指導で行うものといったとらえ方が一般的ですが、これからは、組織開発（OD＝オーガニゼーション・ディベロップメント）の視点で「集団指導」を意識的に推進することが重要です。ここではその基本的な考え方と方法について検討します。

1 経営理念や組織・チーム活動の規範を共有する

● 福祉サービスでは、経営理念や価値観の共有が大切です。また、協働の仕組みとしての組織やチームを円滑に運営するためには規範の共有が必要であり、こうした指導は、それぞれの職場やチームで「集団指導」を通じて徹底する必要があります。

● 日常のサービス実践や職務遂行においては、2つの管理サイクルを徹底する必要があります。1つは、**SDCA（スタンダード・ドゥ・チェック・アクション）の管理サイクルの徹底**であり、業務標準を共有しなければなりません。もう1つは、**PDCA（プラン・ドゥ・チェック・アクション）の管理サイクルの徹底**であり、組織やチームとしての目標や計画を共有することが必要です。この2つを通じて、「あるべき姿」や「めざすべき方向」を共有しながら一体的な組織運営を可能にしていきます。「個別指導」の前提として「集団指導」を徹底していかなければなりません。【図表36】参照

2 会議やケースカンファレンスの場を「集団指導」に活用します

● **「集団指導」は、会議やミーティングの場を活用**して行います。組織の方針や考え方についてできるだけ情報を流し、職員が理解・納得できるようにコミュニケーションを徹底する必要があります。また、組織の決定事項やルールは必ず守るように指導し、集団規範の醸成に努めます。

● 会議やケースカンファレンスを通じて、サービス実践のあり方や職場の問題解決について、職員参加で相互に検討する機会を意図的に設定していくことが重要です。職場集団（担当チーム）に対しては、職務上の新たな課題やテーマを与え、集団として自己成長を図れるような機会をつくっていくことで、チームワークや連携が促進し、組織力（チーム力）が向上することにつながります。

● お互いに学び合い、切磋琢磨する組織風土を醸成していくことが重要であり、職員を外部研修等に派遣した場合には、伝達研修や報告会を行う等、**「集団指導」の機会を意識的に設定していくことが大切です**。【図表37】参照

【図表36】活性化した組織をつくる

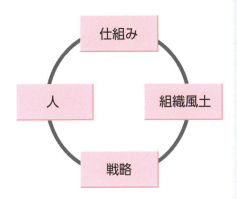

4つの相互作用によるシナジー効果の向上が求められる

①人
個々人の能力・意欲・性格・責任感／個人および集団の成熟度／人材の量と質

②仕組み
組織の構造や形態／職務割り当ての方法／標準的な仕事のすすめ方／コミュニケーション方式／評価・報酬制度／能力開発・モチベーション制度

③組織風土
行動のよりどころとなる独自のものの見方、考え方／共有化されている価値観／暗黙の規範等

④戦略
環境適合のための基本的方向、目標や方針等組織は戦略に従い、戦略は組織に従う

<チームワークを促進するための実践的な知恵>
① 課題や目標、規範の共有化を図る
② オープンなコミュニケーションを徹底する
③ 現実的な行動を重視する
④ 個性や創造性を尊重する
⑤ 「顧客満足の実現」を第一の価値基準にする

【図表37】組織のメンテナンスを徹底する

- チームとしての目標が明確であること
- 目標にそった構成メンバーの専門性に基づく役割が明確であること
- チームリーダーを決定し、役割と権限を明確にすること
- メンバーは役割に基づく責任を果たせていること
- チーム内でのコミュニケーションの方法が確立され、情報が共有化されていること
- メンバーの専門性に基づいて率直で多様な意見が言えること
- 意見上の対立があっても、整理、統合に向けての話し合いの場が機能すること
- メンバー間の相互支援が容易にできる体制であること
- 他のメンバーやチーム全体の現状を理解すること
- メンバー個々の不安や課題を話し合い、解消できること

育成マインドの醸成を図る

　"育成上手な上司"とは、どのような上司でしょうか。「甘い上司」でもなければ、「口うるさい上司」でもないでしょう。しっかりとした"育成姿勢（マインド）"を持った上司が期待されます。

1　人材育成に対する情熱が必要です

● OJTは、直接的には職員の職務遂行能力を高めることを目的とするものですが、同時に職員一人ひとりのキャリアアップを支援し、明日の職場を担う人材を育てるという崇高な目標をめざすものです。**責任と情熱を持って実践にあたること**が期待されます。

● そのためには、**経営理念や大切にしたい価値観を共有し、職場のビジョンや目標を職員とともに語り合う**ことが大切です。**「状況が人を動かす」**という原則がありますが、これは、現在の立場や状況、実施しなければならない課題や目標等、状況認識が共有されれば、人は自発的に動くというものです。本音で話し合う意義はここにあります。

● 育成活動は地道な活動です。基礎から応用へステップ・バイ・ステップの指導が必要ですし、職員の成熟度に応じた指導育成を心がけることが大切です。基本は厳しく徹底しなければなりませんが、職員の自主性や個性、創造性を十分尊重しながら、**職員のキャリアアップの視点を持って指導にあたること**が望まれます。

2　"共育の姿勢"と"率先垂範"が大切です

● 育成とは本来、育成する側とされる側との間に能力的な「格差」があることを前提にしてきました。しかし、これからは**"共に学び、共に成長する"という姿勢**がとくに大切になってきます。変化の時代には、経験の中で培ってきた価値や知識、技術も古くなり、変化適合の障害になってしまうことが多いからです。

● 職員は上司や先輩の「後ろ姿」を見て育つものです。これを「まねぶ（真似て、学ぶ）」といいますが、率先垂範、言行一致で育成者にふさわしい範を示すことが大切です。常に時代の動きに目を向け、職員より一歩先を読む努力を続けなければなりません。**【図表38】**参照

【図表 38】育成姿勢に関するチェックリスト

① 職員とビジョンや目標を共有しているか

- ☐ 経営理念や大切にしたい価値観を共有している
- ☐ 職員と双方向の話し合いをよく行っている
- ☐ 未来を語り、職場のビジョンや目標を共有している
- ☐ 職員と定期的に個別面談を実施している

② ステップ・バイ・ステップ、キャリアアップの視点で指導しているか

- ☐ 「仕事の教え方 4 段階」の方法を活用している
  - ① 習う準備をさせる
  - ② 仕事の内容を説明する
  - ③ 実際にやらせてみる
  - ④ 教えた後を見る
- ☐ 基礎から応用へと手順を踏んだ指導を行っている
- ☐ 職員のキャリアアップの視点で指導している

③ 基本については厳しく徹底しているか

- ☐ 何が基本であり、MUST（不可欠）の項目であるかを明確にしている
- ☐ 基本行動は繰り返し訓練し、徹底している
- ☐ 基準から逸脱した行動は、その都度注意している

④ 職員の自主性や個性を尊重しているか

- ☐ 職員の自主性を尊重し、時には待つ姿勢をとっている
- ☐ 独自の考え方や創造性を発揮できる機会をつくっている
- ☐ 職員の持ち味や強みに着目し、ポジティブなフィードバックを行っている

⑤ 共育の姿勢を取っているか

- ☐ 節目ごとに、自分自身の知識や技術の見直し（棚卸し）を行っている
- ☐ 自分自身の自己啓発目標を設定している
- ☐ 自ら職場内外の研修に積極的に参加している

⑥ 率先垂範を心がけているか

- ☐ 基本行動や決定事項は率先して実行している
- ☐ 言行一致を心がけている
- ☐ 常に時代の動きに目を向け、職員よりも一歩先を読む努力を続けている

「ほめ方、注意の仕方」に留意する

「日常の機会指導」としては、職員の日常行動に常に積極的な関心をもち、賞賛や注意、フィードバックを正しく実施することが大切です。ここでは、その基本的な留意点を確認しておきましょう。

1 賞賛は「行動の強化」、注意は「行動の是正」を意味します

● 組織の中で行われる賞賛や注意、フィードバックは、個人的な好みや感情表出ではなく、「基準」や「ルール」に従って行われるものです。**賞賛や注意、フィードバックは、職員の行動を正しく方向づけ（指示・要望し、動機づける）、誤った行動を是正し、集団の規範を健全なものとして維持していくために必要な行為**なのです。

● 「行動の強化」としての賞賛、「行動の是正」としての注意、フィードバックの意味を正しく認識し、日常の機会指導を適切に行うことが期待されます。

2 人は「持ち味」や「強み」によって組織に貢献するものです

● **人のマネジメントは、人の「強み」を発揮させることである**と言われます。

● 人は「持ち味」や「強み」で組織に貢献することができるのであり、「弱み」では貢献することができません。組織の機能は、人の「強み」を生産に結びつけ、人の「弱み」を中和することでもあります。

3 「あたたかさ」と「厳しさ」の両面を徹底します

● **上司の姿勢としては、「あたたかさ」と「厳しさ」の両面**が必要です。それは、決して「甘さ」や「口うるささ」ではありません。

● 研修担当者としては、部下や後輩を持つ管理職員やチームリーダーに必要な心得を徹底することが大切です。【図表39】

【図表39】ほめ方・注意の仕方の心得

①小さなことでもほめる

職員はどんなことでもほめられると動機づけられるものである。とくに、初任者などは、ちょっとしたほめ言葉で、期待と信頼感が芽ばえてくる。結果だけではなく、努力の過程も正しく評価し、フィードバックすることが大切である。

②注意した後は、必ずほめよ

叱責や注意に効果があったと言えるのは、行動や態度が変わったときである。そのときこそほめることが大切である。ほめることで、変化は一層強化されることになるからだ。「ほめるために注意する」と言ってもよいくらいである。

③皆の前でほめる

職場内に健全な行動基準をつくるには、良い行動を皆の前でほめることが大切である。前向きな行動を一層強化するのに役立つ。

④前もって期待する行動を示しておく

「基準」や「ルール」をあらかじめ周知徹底しておけば、よい行動は皆の前でほめて強化することが自然にできるし、その行動を組織の体質にまで定着させていくことにつながる。逆に、「逸脱行動」に対しては、妥協することなく、厳しく注意することができる。

⑤基本は注意するよりほめる

一般的には、「減点主義」ではなく「加点主義」が期待される。上司としてはどうしても職員の欠点に目が向きがちであるが、昔から"三つ叱って、七つほめよ"と言われるように、ほめるほうにウエイトをかけておいてちょうどよい。

⑥注意は好ましくない行動に向けられるもの

注意は「基準からの逸脱行動」に向けられるものである。「この行動が悪い」と言われればわかることを「君は軽率だ」「こんなことも知らないのか」と人格批判をされたのでは、かえって反発が起きる。

⑦注意すべき時に注意する

注意すべき時に注意できない上司や先輩がいると「基準」や「ルール」は乱れがちになる。職員にとっては、注意されない行動は「許される行動」と認識することになり、それが習慣化してしまうことになる。

⑧注意の仕方にも TPO の心がけを

ハッキリ言ったほうがよいか、暗示を与え自覚させた方がよいか、注意の場所やタイミングといったことには、TPO の感覚が大切だ。できるだけ人前では叱るなと言われるが、相手や事柄によっては、人前で叱ったほうが、本人にも集団にも効果的な場合もある。

⑨注意するのは相手のため

上司が、私利私欲で注意したり、感情的に注意するのは困りものである。職員を信頼し、職員の成長を願うからこそ注意は意味があると考えておきたい。相手の目を見て、しっかり注意することが大切である。

⑩相手の納得が基本

注意しても職員の行動や態度が一向に変わらないというのでは意味がない。行動が変わるためには、相手の納得が必要であり、そのためには、「わかる」「できる」「その気になる」の３つの要素が大切になる。

対象別・目的別のOJTを効果的に実践する

OJTを効果的に実践するためには、対象や目的に応じた指導を心がけることが大切です。ここでは、対象別・目的別の指導の着眼点をまとめておきましょう。

1 対象に着眼した指導を行います

● 職員は一人ひとり異なりますが、対象によってある種の共通点があります。その**共通点に着眼した指導**を行うのが効果的です。初任者には基本の徹底が必要ですが、中堅職員には裁量権を与えること、そしてベテラン層には、マンネリ防止の指導が必要です。また、職員の成熟度に応じて、指示的指導や「教える」指導から、徐々に参画的・委任的指導へと、指導方法を変えていくのが効果的です。

2 目的に着眼した指導を行います

● どのような能力を身につけさせ、どのような行動変容を期待するか、OJTの目的によっても指導方法は異なってきます。**能力の3要素（価値観・態度、知識・情報、技術・技能）に着眼した指導方法の工夫**も必要になります。

● 3つの能力について、価値観・態度は「やる気」になること、知識・情報は「わかる」こと、そして技術・技法は「できる」ことを意味するということは、すでに述べてきたところです。（「ポイント2」参照）

●「やる気」があっても「わかる」「できる」状態でなければ期待する行動にはなりませんし、「わかる」ことでできていても「やる気」がない、「できない」でも行動にはつながりません。3つの能力のそれぞれが必要になるということです。どの能力があり、どの能力が不足なのかをアセスメントすることが大切です。そのうえで、対象別のOJTの視点を押さえておくと効果的です。【図表40】参照

● 職員や職場集団（チーム）の成熟度に着眼し、成熟度にマッチする適切な方法で指導にあたるということも大切な視点です。成熟度に応じて「指示型」「コーチ型」「援助型」「委任型」というように関わり方を柔軟に変更していくことが大切です。

【図表 40】対象別・目的別の指導ポイント

①初任者受入れ時の OJT

① 心身ともに職場に気持ちよく馴染むよう受け入れる。
② 職場や仕事の基本は、一定の基準を示し繰り返し徹底する。
③ 仕事の目的や役割をハッキリ示す。
④ 職員として自己啓発が大切であることを教える。
⑤ 自立心を養うよう、質問したり、徐々に仕事を任せる。

②中堅職員を伸ばす OJT

① まとまりのある仕事や裁量権を与え、仕事にやりがいを持たせる。
② 新しい仕事や役割を与え、次の目標を明確にする。
③ テーマを与え、研究や業務改善の推進役を体験させる。
④ 後輩の指導や地域との交流を体験させる。
⑤ 専門職としてのキャリアアップやチームリーダーとしての意識を持たせる。

③高齢者やベテラン層に対する OJT

① 先輩として配慮するが、仕事上のけじめはきちんとつける。
② 仕事の成熟度を見極め、新しい仕事や役割を与える。
③ 経験だけで仕事を処理しないよう、マニュアル等をつくらせる。
④ 現状に合わなくなった仕事のすすめ方や考え方は率直に指摘する。
⑤ 新しいテーマを与え、本人に問題意識をもたせる。

④勤務場所が異なる職員（ホームヘルパー等）の OJT

① 全体ミーティング、個別面談等を行い、一定の統一した行動基準を確認する。
② 必要な情報を随時提供し、情報伝達のルートを明確にしておく。
③ 業務日誌を活用し、点検とフォローを実施する。
④ 現場巡回、同行訪問を実施する。
⑤ 期間を決めて、定期的に評価や相互フィードバックの機会をもうける。

⑤コミュニケーションを改善する OJT

① 定期的にミーティングを開催し、意見を述べる機会を与える。
② 会議や打ち合わせの場に同行し、意見を述べさせる。
③ 小さなことでもよく話し合い、よいことはほめて強化する。
④ 質問をしてきた場合、「君ならどうするか」と尋ねてみる。
⑤ 時には、時間外にインフォーマルな話し合いの場を持つ。

⑥マナーや接遇応対を向上させる OJT

① 基本用語や基本動作を決めて、全員で共有化を徹底する。
② 繰り返し訓練する。
③ 基準を逸脱することによって起こる問題点を十分話し合う。
④ 違反者に対してはお互いに注意し合う。
⑤ 朝礼などを活用し、よい行動は積極的にほめ、改善提案を求める。

⑦勤務態度が悪い職員の OJT

① 基準や規律の意味を改めて徹底する。
② 違反行為は、その都度直接注意する（個人指導を繰り返し行う）。
③ 日時・週間・月間スケジュールを立てさせ、進行状況を相互確認する。
④ 短期の目標を設定し、チャレンジさせる。
⑤ 職務適性を配慮し、場合によっては配置転換を行う。

⑧忙しい職場での OJT

① 仕事は平均化するよう、仕事の割り当てを見直す。
② 職務のローテーションを行い、複数の仕事をこなせるようにする。
③ 本人の自己啓発ニーズを明確にし、具体的な目標を持たせる。
④ 職場内の会議（勉強会）等の司会（講師）を順番にやらせる
⑤ 仕事の改善を全員参加で検討する。

⑨メンタルヘルス不調者への OJT

① 日頃から円滑なコミュニケーションを図る。
② ストレスへの対処方法を身につける。
③ ストレスを緩和するような施策を職場内にて検討する。
④ 長期休職からの復帰にあたっては、主治医と産業医が面談し、情報共有を図る。
⑤ 長期休職からの復帰者へは、職場復帰プログラムを策定し、無理のない職場復帰をフォローする。

実践編 ● 第3章 OJT を推進する　61

「意図的・計画的指導」を実践する

OJTは、「日常の機会指導」を意識的に推進するとともに、「意図的・計画的指導」を実践することが重要です。ここでは、その基本的な考え方とステップを確認しておきましょう。

1 重点指導項目を決めて実施します

● 「日常の機会指導」では、職務遂行のあらゆる場面で適宜適切な指導を行うことが期待されますが、「意図的・計画的指導」では、**具体的な育成目標や指導項目を決めて重点的に指導すること**になります。

● たとえば、ある特定の職員について、現在および将来に向かってどのような能力の開発が必要であるかを明確にし、重点指導項目（目標）を決めて指導計画を立て、その計画に従って継続的な指導を行うということです。基本的なステップは【図表41】に示したとおりです。

● 理想的には、すべての職員について「意図的・計画的指導」が期待されるところですが、次の時代を担う管理職員やチームリーダーの養成や、階層別・職種別に設定した求められる職員像との関係で、とくに指導育成の必要性の高い職員等について、重点的に実施するのが現実的です。

2 『個人研修（OJT）計画・評価シート』等を有効活用します

● 実際に「**意図的・計画的指導**」を実施するためには、**OJTの重点目標を設定し、OJT計画を策定**しなければなりません。この場合、すでに「ステップ8」「ステップ9」でふれた『個人研修（OJT）計画・評価シート』や『生涯研修（キャリアアップ）計画シート』等を有効活用するとよいでしょう。OJTニーズの分析から、目標設定、指導方法の立案、さらに結果の評価までの一連のステップを記録することができます。

● このようなOJT計画は、原則的には、年度単位に立案するのが望ましいでしょう。単年度で到達できるレベルを目標に設定していくことです。

● 育成面談を通じて研修ニーズやOJTの目標を共有すると効果的です。

【図表41】「意図的・計画的指導」の基本ステップ

【第1ステップ：OJTニーズの把握】

現在および将来の仕事、ポストに必要とされる価値観・態度、知識・情報、技術・技能等の能力のうち求められる姿（能力）に照らして、不足している部分がOJTニーズ（必要点）である。

OJTニーズ ＝ あるべき姿（能力） － 現状の姿（能力）

【第2ステップ：OJTの重点目標の設定】

ニーズの把握ができたら、次の重点目標を設定する。OJTの目標とはめざすべき能力の到達ゴールである。できるだけ具体的に設定するのが望ましい。
　① 何を（目標項目）
　② どのレベルまで（目標水準）
　③ いつまでに（目標期限）
また、この目標は、本人の「自己啓発目標」と一致させることが望ましい。

【第3ステップ：OJT計画の立案】

　OJT計画は、目標レベルに到達させるための指導内容の具体化である。部下のレベルや職場の実情に合わせて、指導計画を立てることが重要である。
　本マニュアルで標準化されている『個人研修（OJT）計画・評価シート』を有効活用するのが望ましい。
　上司－部下の育成面談を通じて、ニーズ・目標の相互調整と共有化を行うとよい。

【第4ステップ：OJTの実施】

　計画に基づくOJTの実施である。指導方法は、計画に折り込まなければならないが、日常のさまざまな機会をとらえて指導していくのが望ましい。
　① 教える
　② 見習わせる
　③ 経験させる
　④ 動機づける
　⑤ 特別の方法で指導育成する
など、さまざまな方法がある。

【第5ステップ：OJTの結果の確認とフォローアップ】

指導した結果を確認し反省する。
　① 目標項目の達成状況の確認と評価を行う。
　② プロセス上の問題点を把握する。
　③ 今後の研修ニーズを発見するなど、本人と話し合いフォローアップすることも必要である。

ステップ 13 ② 初任者の指導に「OJTリーダー」をつける

★☆☆

初任者は、もっともOJTニーズの高い層です。しかも、ステップ・バイ・ステップできめ細かな指導が期待されます。そこで、初任者OJTリーダー制度を推進するのが効果的です。

1 初任者OJTリーダー制度を導入します

● 初任者に対するOJTは、本来は職場の管理職員やチームリーダーが行うべきものです。しかし、初任者の指導は指導すべき項目も多く、継続的できめ細かな指導が期待されることから、**経験や年齢も近い中堅職員層から専任のOJTリーダーを選び、3か月～1年間くらいにわたって1対1の指導体制をとる**のが効果的です。

● OJTリーダーは、初任者が最初に指導を受ける先輩であり、良い面でも悪い面で初任者に大きな影響を与えます。**OJTリーダーの選任にあたっては、指導育成者としての適性を考慮すること**が重要です。職務に関する「専門性」に優れていることも大切な要素となりますが、組織の一員としての協調性やチームワーク、リーダーシップといった「組織性」での資質能力に着眼することが必要です。

2 OJTリーダーの役割を明確にし、職場ぐるみでバックアップします

● OJTリーダー制度を導入する場合には、リーダーの役割を明確にすることが大切です。また、初任者指導の「手引き」や「マニュアル」を整備すると効果的です。OJTリーダーには、一般的に次のような役割が求められます。【図表42】参照
　①職場の環境に馴染ませ、スムーズな適応を図る。
　②職務に必要な能力や基本行動を徹底する。
　③初任者の気持ちを受け止め、日常的な相談に応じる。
　④初任者の指導について、職場全体の協力を引き出す。
　⑤指導内容について、職場の上司に相談・報告を行う。

● また、OJTリーダーを選任したからといって、リーダー任せにせず、**職場ぐるみでバックアップすること**が大切です。職場の上司としては、OJTリーダーの指導状況をよく把握し、適切なアドバイスを行うことです。OJTリーダーの主体性を尊重することも重要です。OJTリーダーを体験することによって、中堅職員としての自覚が芽ばえ、リーダー自身のキャリアアップにつながります。

【図表 42】初任者 OJT リーダー制度の推進

<初任者OJTリーダーの役割>
① 職場の環境に馴染ませ、スムーズな職場適用を図る。
② 職務に必要な能力や基本行動を徹底する。
③ 初任者の気持ちを受けとめ、日常的な相談に応じる。
④ 初任者指導について、職場全体の協力を引き出す。
⑤ 指導内容について、職場の上司に相談・報告を行う。

<求められるスキル>
① コミュニケーションスキル（見る・聴く・話す）
② ティーチングスキル（仕事の教え方４段階）
③ コーチングスキル（相談・支援）
④ モデリングスキル（言行一致）

<初任者OJTリーダー研修のねらいと目標（例示）>
① 初任者OJTＴリーダー制度の趣旨を理解するとともに、中堅職員として自身の経験を振り返る
　 機会とする。
② 先輩職員として、初任者OJTリーダー制度を通じて指導することの意義を理解する。
③ 初任者OJTリーダー制度の内容を理解し、共有化する。
④ 後輩指導のスキルを身につける。経験知（暗黙知）を形式知化する方法を学ぶ。
⑤ 中堅職員としての自己啓発課題を明確にする。

初任者 OJTリーダー研修プログラム（例示）

時　間	研修内容
9：30 ～ 10：15	<第１会合>　研修オリエンテーション ・小グループ討議：「プロフィールシート」の相互紹介
10：30 ～ 11：15	<第２会合>　管理職員講話 「中堅職員への期待」 　－大切にしたい価値観、期待する職員像の理解と体現を
11：15 ～ 12：00	<第３会合>　講義＆演習 「初任者OJTリーダー制度と中堅職員の役割」 　－初任者に対するOJTリーダー制度の理解と役割の確認
13：00 ～ 14：15	・グループ討議 「体験交流と役割行動指針の策定」
14：25 ～ 15：25	<第４会合>　ロールプレイング 「経験知の言語化」「仕事の教え方4段階」
15：35 ～ 16：20	<第５会合>　個人ワーク 「中堅職員としてのキャリアデザイン」 　－サポーターとしての役割形成を中心に
16：20 ～ 17：00	<第６会合>　相互紹介・研修のまとめ 「初任者OJTリーダーの役割行動を通じたキャリアアップ」

実践編

第4章
OFF-JT を推進する

● OFF-JT には、職場内で行うものと外部の研修機関等に派遣するものがあります。本章では、前者を中心に個別プログラムの計画、実施、評価・確認、処置・フォローについて、それぞれ解説します。

第4章の流れ

★★★ ＝すべての職場で取り組みたい項目
★★☆ ＝できれば取り組みたい項目
★☆☆ ＝さらに充実するための参考項目

 ステップ14 ★★★　年度計画に基づき OFF-JT を推進する　（68ページ）

 ステップ15① ★★★　職場内集合研修を推進する　（70ページ）

 ステップ15② ★☆☆　階層別・職種別の研修プログラムを実施する　（72ページ）

 ステップ15③ ★☆☆　外部講師による研修プログラムを実施する　（74ページ）

 ステップ15④ ★☆☆　実践研究・学習するチームづくりを推進する　（76ページ）

 ステップ16① ★★☆　研修技法を効果的に活用する　（78ページ）

 ステップ16② ★☆☆　講義法を効果的に活用する　（80ページ）

 ステップ16③ ★☆☆　討議法を効果的に活用する　（82ページ）

 ステップ16④ ★☆☆　事例研究法を効果的に活用する　（84ページ）

 ステップ16⑤ ★☆☆　ロールプレイングを効果的に活用する　（86ページ）

 ステップ17 ★★★　職場外派遣研修を効果的に推進する　（88ページ）

 ステップ18 ★☆☆　OFF-JT の事前準備を行う　（90ページ）

 ステップ19 ★☆☆　OFF-JT の進行管理を行う　（92ページ）

 ステップ20 ★★☆　OFF-JT のアンケートと評価・確認を実施する　（94ページ）

ステップ 14　年度計画に基づき OFF-JT を推進する
★★★

> OFF-JT には、法人や事業所等で実施する職場内集合研修と職場外派遣研修があります。いずれも職務命令で行う研修であり、研修ニーズに基づき研修の目的や目標を明確にして実施することが大切です。体系的・継続的な人材育成・組織開発をねらいとする階層別研修や課題別の専門研修を実施するとともに、新たな研修ニーズに対応するための取り組みが期待されます。

1　共通する研修ニーズに基づき重点指向で実施します

● 職場内で実施する集合研修は、研修ニーズや対象・開催形態等によってさまざまなバリエーションがあります。法人の理念や価値観、サービス目標や行動指針等を共有するための全体研修、職位・職責・職務内容等に対応して実施する階層別・職種別研修、基礎的な知識やスキルの習得をめざす基礎研修、さらには専門研修や課題別研修等、多様な研修プログラムの実施が期待されます。

● OFF-JT は、職務命令に基づいて行う研修であり、研修を受ける職員は仕事の一環として受講することになります。貴重な就業時間を使って実施するものですから「どのような研修ニーズに対応し、何のために行うのか」「研修の到達ゴールや成果は何か」を明確にし、研修成果が期待できる研修プログラムを実施することが重要です。**総花的ではなく、重点指向での実施**が望まれます。【図表 43】参照

2　研修体系に基づく研修とスポットの課題別研修の組み合わせで実施します

● **研修体系に位置づけられている研修は、年度研修計画を立案し実施**します。階層別・職種別研修等、毎年繰り返し実施することによって、それぞれの研修プログラムがねらいとする研修の目的や目標が実現することになります。継続性を担保することも重要ですが、具体的な内容は前年度の振り返りを通じて見直しが期待されます。

● 事業環境や組織環境が変化する中で、新たな研修ニーズが発生します。経営者や現場の意向を組み入れながらスポットの課題別研修を実施していかなければなりません。**研修体系に基づく研修とスポットの課題別研修との適切な組み合わせ**を検討していくことが重要です。新しい研修課題については、職場外派遣研修の機会をつくり、その成果に基づいて職場内集合研修を実施するといったことが必要になってきます。

68

3 キャリアパス対応の生涯研修課程が重要になります

● 職員のキャリアアップを計画的にすすめるためには、**キャリアパスに対応する生涯にわたる研修体系を実施**することが望まれます。「福祉職員キャリアパス対応生涯研修課程」（全国社会福祉協議会）は、そのために開発され、実施されています。この研修課程を有効活用するとよいでしょう。【図表44】参照

【図表43】年度研修計画の策定（例示）

今年度の研修目標	①チーム単位でOJTの重点テーマを設定し、意図的・計画的始動を推進する。 ②初任者OJTリーダー研修を実施し、初任者OJTリーダーの指導スキルの向上を図る。 ③地域包括ケアシステムについての共通理解を深める。					
研修形態	研修区分・対象	時期	研修内容（テーマ）	講師・指導方法	評価・フォロー
OJT	1. 日常のOJT 2. 意図的OJT	通年	1. 日常的指導の徹底 2. 年度のOJT重点指導テーマ 　①認知症の理解と個別対応 　②ケア記録の標準化	1. 目標管理シートによるOJT目標の設定 2. 指導シートの活用	観察評価
	3. 初任者OJTリーダーによる初任者および中途採用者の指導	6か月	①福祉サービスの基本理念 ②ケアの基本動作 ③チームケアとコミュニケーション	業務チェックリストおよび初任者OJTリーダーマニュアルの活用	チェックリストによる評価
OFF-JT	4. 全体研修Ⅰ（全職員） 5. 全体研修Ⅱ（全職員）	4月 11月	4. 年度事業計画の周知と共有 5. リスクマネジメント（事故と過誤）	4. 管理職講話 5. 外部講師	目標管理 アンケート
	6. 基礎研修Ⅰ（指導監督職員） 7. 啓発研修Ⅰ（一般職員層） 8. 啓発研修Ⅱ（一般職員層） 9. 専門研修Ⅰ（一般職員層） 10. 基礎研修Ⅱ（初任者OJTリーダー）	5月 7月 9月 11月 3月	6. OJTと面接の技法 7. 地域包括ケアシステムの理解 8. 記録についての事例研究 9. 看取りケアの質を高める 10. 初任者OJTリーダーの役割を指導	6. 外部講師 7. 外部講師 8. 研修委員 9. 外部講師 10. 研修委員	アンケートおよび行動目標シート
	11. 派遣研修Ⅰ（管理・指導職層） 12. 派遣研修Ⅱ（全職員） 13. 派遣研修Ⅲ（担当職員）	通年	11. 県域研修実施機関等の主催する研修 12. 事業者団体、職能団体等の主催する研修（「福祉職員キャリアパス対応生涯研修課程」等） 13. 行政等の主催する研修	各関係機関講師	復命と伝達研修の実施
SDS	14. 資格取得支援研修（希望する職員） 15. 実践研究の支援	10月～12月 通年	14. 介護初任者研修 15. チームごとのテーマ実践研究	各関係機関講師	報告・発表

研修予算　1,200,000円

【図表44】福祉職員キャリパス対応生涯研修課程（科目概念図）

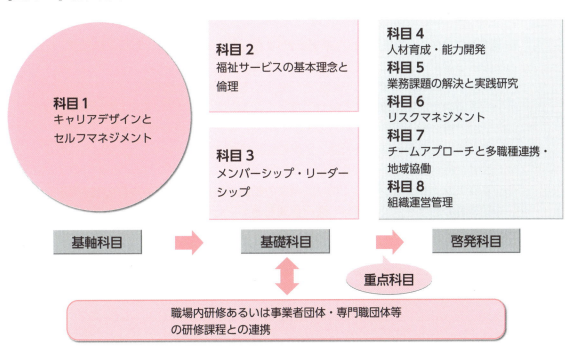

実践編 ● 第4章　OFF-JTを推進する

ステップ 15 ① 職場内集合研修を推進する
★★★

年度計画に基づいて職場内集合研修を推進することは、研修担当者の重要な仕事になります。基本的には、PDCAの研修管理サイクルをここでも徹底しなければなりません。

1 効果的なプログラムを策定します

● 職場内集合研修は、継続的に行うものと、新規に計画するものとがあります。**毎年繰り返し実施するプログラムは、過去の実績や前年度の評価を踏まえて、マンネリ化しないよう内容やすすめ方の改善を図ることが大切です。**新規のプログラムについては、研修のねらいや目標、対象者、参加人員、期日や期間等、細部にわたって決めなければならない項目が多くあります。【図表45】【図表46】参照

● プログラム作成にあたって、研修担当者としては、次のような点に留意することが大切です。
　①職場研修の理念や方針、年度の重点課題を常に念頭において策定する。
　②研修ニーズとの関連でプログラムのねらいや目標を明確にする。
　③研修科目に関連する幅広い知識と情報を得るよう努める。
　④ねらいや目標に合致した研修技法を選択するよう心がける。
　⑤講師に関する情報を収集し、科目に適した講師を選択する。
　⑥過去の研修評価を整理し、プログラム推進に活用する。

2 進行管理を適切に行います

● **優れたプログラムであっても、進行管理がずさんでは効果は半減**してしまいます。
次のようなポイントに配慮することが大切です。
　①期日や時間等の調整を行い、ゆとりを持って事前に周知する。
　②受講者や上司に研修のねらいや目標を伝える。
　③講師と研修の内容やすすめ方について事前に十分打ち合わせを行う。
　④事前学習を必要とする場合は、研修通知に添付する。
　⑤会場や機材の事前チェックをしっかり行う。
　⑥オリエンテーションでしっかり受講者の動機づけを行う。（トップの挨拶等）
　⑦受講者の態度をよく観察し、進行管理を適切に行う。
　⑧研修のまとめを行い、実践につなげる。

【図表45】職場内集合研修の流れ

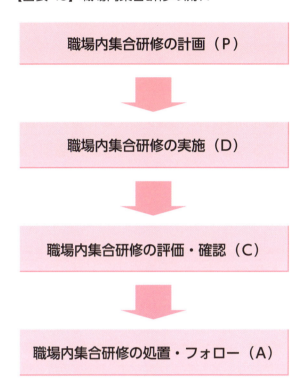

- 年度計画を踏まえる
- 個別の研修ニーズを把握する
- プログラムを編成する
- トップの承認を得る
- 受講者に通知する
- 研修の事前準備を行う
- 研修を実施する
- 研修のアンケートを取る
- 研修の結果を評価する
- 必要なフォローを行う
- 報告し、記録する

【図表46】プログラム策定の管理項目

① 科目（テーマ）	
② ねらいと目標	
③ 対象者、参加人数	
④ 期日、期間	
⑤ 会場	
⑥ 活用研修技法	
⑦ タイムテーブル	
⑧ 講師（指導者）	
⑨ 費用	
⑩ 教材・教具・機材	
⑪ 実施上の留意点	
⑫ 評価・フォローアップの方法	
⑬ 計画・運営担当者	

階層別・職種別の研修プログラムを実施する

年度計画に基づいて職場内集合研修を効果的に実施するためには、階層別・職種別の研修プログラムの策定が重要になってきます。ここでは、階層別・職種別の研修プログラムを策定する場合の留意点をまとめておきます。

1 階層別・職種別の研修プログラムを策定します

● 階層別・職種別の研修プログラムの策定にあたっては、「ステップ3」でリストアップした「主要な研修課題」「主要な研修施策」をもとにして、具体的な内容を検討していきます。階層別・職種別の研修の目的や目標を明確にしたうえで、プログラムを策定することが重要です。研修のねらいや目的が明確でないと、プログラムの内容が総花的になってしまいがちです。研修の目的や目標を明確にしたうえで、具体的なプログラムを重点的に検討していくことが大切です。

● また、検討にあたっては、研修プログラムの内容の継続性を担保しつつも、前年度の振り返りを行うことも重要になります。

2 階層別研修のプログラム策定の留意点をおさえます

● 階層別研修では、それぞれの階層に求められる職員像を示し、それに応じて、研修の目的と目標を定め、具体的な研修プログラムを策定します。「福祉職員キャリアパス対応生涯研修課程」（全国社会福祉協議会）では、階層別の研修の目標を【図表47】の通り整理しています。各階層の研修の目標を体系的に示すことで、職員は自らのキャリアアップをより計画的にすすめやすくなります。

3 職種別研修のプログラム策定の留意点をおさえます

● 職種別研修は、介護職員、生活相談員・生活指導員、看護師、保育士、栄養士、事務職員等、職種に応じて専門知識や技術を身につけるために行う研修です。研修の実施形態としては、対象となる職種の全職員に実施する方法と、キャリアに応じて対象者を限定して実施する方法があります。職種別研修のねらいと目標に応じて、実施形態を使い分けることが大切です。

● また、職種別研修において、同職種でグループ討議を行う場合、実施方法によっては、他職種への批判や不満のはけ口につながりかねませんので、留意が必要です。

【図表47】福祉職員キャリアパス生涯研修課程の研修の目標

階層	研修の目標
管理職員	①管理職員としてのキャリアデザインと職場環境整備のあり方を学ぶ。 ②福祉サービスの基本理念と倫理の徹底・浸透のための手法を習得する。 ③管理職員としてのリーダーシップの醸成を図る。 ④管理職員としてのキャリアアップの啓発課題を確認し、方向性を明確にする。 ⑤職場管理・役割行動に関する行動指針を確認し、挑戦目標を設定する。
チームリーダー	①チームリーダーとしてのキャリアデザインとセルフマネジメントのあり方を学ぶ。 ②福祉サービスの倫理と基本理念の実践的検証と考察、指導のための手法を習得する。 ③チームリーダーとして職場の問題解決手法を学び、問題解決能力を高める。 ④チームリーダーとしてキャリアアップの啓発課題を学び、方向性を明確にする。 ⑤チームマネジメントの役割と行動指針を確認し、挑戦目標を設定する。
中堅職員	①中堅職員としてのキャリアデザインとセルフマネジメントのあり方を学ぶ。 ②福祉サービスの倫理と基本理念の理解を深め、実践での手法を習得する。 ③チームケアの一員としてメンバーシップやチームワークのあり方を再確認する。 ④中堅職員としてキャリアアップの啓発課題を学び、方向性を明確にする。 ⑤中堅職員としての役割と行動指針を確認し、挑戦目標を設定する。
初任者	①自身のキャリアアップの方向性について自覚を深める。 ②福祉サービスの基本理念と倫理についての基礎を習得する。 ③チームケアの一員としてメンバーシップやコミュニケーションの基本を学ぶ。 ④キャリアアップに必要な啓発課題について基本を学び、啓発意欲を高める。 ⑤福祉職員としての役割行動と行動指針を確認し、自己のキャリアデザインとアクションプランを策定する。

外部講師による研修プログラムを実施する

ステップ 15 ③ ★☆☆

職場内で実施するOFF-JTには、内部講師で行う場合と外部講師を招く場合があります。ここでは、後者のプログラム推進の留意点をまとめておきます。

1 適切な研修講師を選定し、依頼します

● 外部講師を招いて職場内集合研修を実施する場合、まず、研修のテーマを決めてから講師を選ぶのが通例です。雑誌や文献、インターネット等の情報を通じて選ぶこともありますが、適任の講師を選ぶには、社会福祉研修実施機関等の専門機関等に相談して決定することもよいでしょう。

● 外部講師は、①大学の教授や学識経験者、②社会福祉研修実施機関の講師、③他の組織の実務専門家、④研修専門機関の講師、⑤コンサルタント等の専門家、⑥著名人等、いくつかのタイプに分けられます。それぞれの持ち味がありますし、講師料等にも違いがあります。講師の選定にあたっては、どのような持ち味の講師をどの程度の予算で依頼するか、ある程度の枠組みを決めてから折衝にあたる必要があります。

● 望ましい講師の条件としては、次のような点があげられます。
　①研修テーマについて深い専門的知識や能力を有していること。
　②講師としての指導能力（教え方や話し方）が優れていること。
　③講師としての実績があり、研修の趣旨や目的を汲んでくれること。
　④研修について情熱があり、真摯な人柄であること。

2 講師とパートナーシップで運営します

● **研修担当者にとって、外部講師は職場研修のパートナー**です。コミュニケーションを十分に取り、連携を密にして研修成果を高める努力が必要です。次のような点に留意することが大切です。
　①研修の具体的な内容について、事前に講師と綿密な打ち合わせを行う。
　②講師が指導しやすい研修環境（使用する機材等）を整える。
　③講師に失礼がないよう連絡、送迎等に十分配慮する。
　④講師への謝礼は、依頼のときにあらかじめ決めて（合意して）おく。
　⑤研修講師リスト等で、講師の経歴や特徴をしっかり把握しておく。
　【図表48】、【図表49】参照

【図表48】研修講師の経歴リスト（様式例）

氏　　　　名	
生 年 月 日	
所　　　　属	
住　　　　所	
連　絡　先	TEL:　　　　　　　　　　　　　E-mail: FAX:
経　　　　歴	
主　　　　著	
プロフィール	

【図表49】外部講師への研修依頼文書（例示）

〇〇年〇月〇日

〇〇　〇〇　様

職員研修の講師依頼について

　拝啓　時下ますますご清祥のこととお慶び申しあげます。
　平素より当施設の活動につきましては、格段のご理解とご協力を賜り、厚く御礼申しあげます。
　さて、当施設では、今年度の職員研修につきまして、年度計画に基づき、現在、具体的なプログラムの立案をすすめております。
　つきましては、ご多用のところ恐縮ではございますが、下記のとおり、ご指導を賜りたく、書面をもってお願いする次第でございます。
　何卒ご快諾いただけますようお願い申しあげます。

敬具

記

1. 主　　　題　　　「〇〇〇について」
2. 対　象　者　　　〇〇〇
3. ね　ら　い　　　〇〇〇
4. 日　　　時　　　〇〇年〇月〇日（〇）　　時 ～ 　時まで
5. 場　　　所　　　〇〇〇
6. 添 付 資 料　　①施設の概要
　　　　　　　　　②職場研修方針と年度計画
　　　　　　　　　③予定受講者リスト
　　　　　　　　　④会場案内図
7. 連　絡　先　　　〇〇〇

実践編 ● 第4章　OFF-JT を推進する　75

ステップ 15④ 実践研究・学習するチームづくりを推進する

これからの職場研修では、実践研究や学習するチームづくりの考え方を取り入れていくことが重要です。ここでは、その基本的な考え方と推進にあたっての留意点についてふれておきます。

1 培われてきた実践の知を共有し、発展させる機会・場づくりをすすめます

● **実践研究とは、サービス実践のあり方や業務遂行プロセスについて、関係者が集い、問題解決手法を用いながら相互研究をすすめるものです。**培われてきた実践の知やノウハウを共有し、相互研究を通じて発展・創造していこうという考え方です。

● そのためには、実践研究の場づくりが必要になります。ケースカンファレンスや事例検討会といった方法で行う場合もありますが、多様な問題（発生型・設定型・将来型）についてワークショップ形式で相互討議を行い、その成果を形式知化（文章化）し、共有するとよいでしょう。こうした活動のプロセスは、組織力やチーム力を高めるためにも役立つものであり、「学習するチームづくり」を推進することにもなります。

2 それぞれの職場の実態に応じてステップ・バイ・ステップですすめます

● 実践研究は、それぞれの職場の実態に応じてステップ・バイ・ステップですすめます。**研修担当者は、場づくりと機会づくり、実践研究の支援者（ファシリテーター）としての役割を担うことになります。**次のような点に留意するとよいでしょう。
　①経営理念やサービス目標、業務標準やマニュアルの共有化からはじめる。
　②形式知化されていない実践の知（経験知や暗黙知）にも光を当てる。【図表50】参照
　③実践の中での「気づき」「問題意識」を出し合い、改善策を検討する
　④ナレッジ・マネジメントの手法（SECIプロセス：【図表51】参照）を取り入れる。
　⑤実践研究の発表会を実施する。

●「学び合い・学習するチームづくり」の活動は、各法人や事業所における職員のキャリアアップの支援やモチベーションの向上に役立ち、さらにチーム力や協働・連携力を高めることによって組織の活性化を実現し、サービスの質（利用者満足）の向上と事業の発展を支える推進力になるものです。

【図表 50】実践の知（ナレッジ）の特徴

① ナレッジは使っても減らないもの、売ってもなくならないという特徴をもっている。むしろ活用しなければなくなる（陳腐化する）。
② ナレッジは移動可能な資産である。情報ネットワークや人的ネットワークによって共有化することができる。
③ ナレッジは、活用と生産が同時に行われる。ナレッジを持つ人、創造する人が活用の主体である。ナレッジは活用することによって自動的に生産されることになる。
④ ナレッジは新しい組み合わせで価値を生むものである。結合することによって新たなナレッジが創造されることになる。

（出典）野中郁次郎・紺野　登『知識経営のすすめ』ちくま新書、1999 年、32〜37 頁を改変。

【図表 51】ナレッジマネジメントの手法（SECI プロセス）の活用

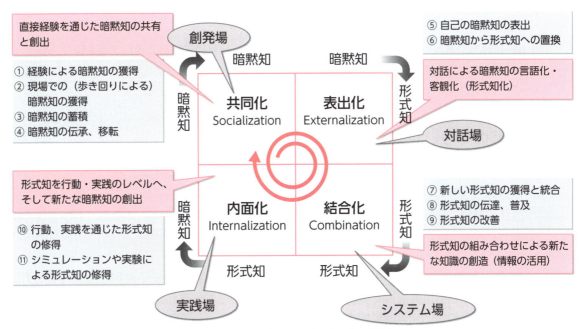

（出典）野中郁次郎・紺野　登『知識経営のすすめ』ちくま新書、1999 年、図 7 を一部改変。

① 実践の中で培ってきた暗黙知に目を向け、有効性の点検を行う。継承すべきものと、捨てるべきものとを見極める。
② 可視化できるものは可能な限り、形式知化し、共有する。
③ 形式知化できないものは、現場でフェイス・ツー・フェイスの「体験」を通じて共有する。
④ 他者や他部門、外部の優良ナレッジにも目を向け、積極的に獲得する。理解するだけでなく五感を使い暗黙知にも触れる。
⑤ 可視化された形式知と形式知の結合を通じて、新しい形式知を創造し、実践につなげる。
　（SECI プロセスとは、「共同化」「表出化」「結合化」「内面化」の英文の頭文字。セキプロセスとも呼ばれる。）

ステップ 16① 研修技法を効果的に活用する

職場研修を効果的に実施するためには、研修技法を有効活用することが重要です。講義法に加えて、できるだけ討議法や事例研究法等、参画型の研修技法を取り入れることが望まれます。

1 多様な研修技法に精通します

● 最近の研修は講義法だけでなく、さまざまな技法が開発され、研修の組み立てにもバリエーションが見られるようになってきました。そのことが、研修に対する受講者の興味や参加意欲を促進し、研修成果を高めることに役立っています。

● **研修担当者としては、研修計画の立案にあたって、研修技法を有効活用する姿勢**が必要です、また、自分でも活用できる技法を習得しておくことが望まれます。主要な研修技法の類型と特徴は【図表52】のとおりです。

2 研修のねらいや目的から研修技法を選択します

● どのような研修技法を活用するかは、研修のねらいや目的、対象者のレベルを前提に判断しなければなりません。いくつかの研修技法を組み合わせて活用するということも重要です。たとえば、講義法で基礎的な知識を付与したうえで、討議法や事例研究法を導入すると、それぞれの技法の特徴が活き、相乗効果が期待できます。

● 研修効果を高めるためには、できるだけ参画型、体験型の技法を取り入れることが大切ですが、研修技法の選択にあたっては次のような点に留意しておきましょう。
　①研修のねらいや目的に相応しい研修技法を考える。
　②受講者の知識や能力のレベルに合った研修技法を考える。
　③研修の流れに沿って研修技法を考える。
　④研修の期間や時間を踏まえて研修技法を考える。
　⑤受講生の人数によって研修技法を考える。

● 既存の技法にはそれぞれ活用のための留意点があります。こうした留意点を十分熟知して活用することが大切です。しかし、研修技法は、研修成果を高めるための手段であり、活用方法についても硬直的にとらえる必要はありません。むしろ、**既存の技法に創意工夫を加え、さまざまなバリエーションで活用する**とよいでしょう。

【図表 52】代表的な研修技法とその特徴

①講義法 ・講演、講話 ・ミニ講義法 ・報告会	講義を通じて、知識や情報を習得する研修技法 ・特定のテーマを講師が説きあかす講義法 ・短時間で行う講義法 ・特定の体験や研究を報告形式で行う講義法
②討議法 ・課題討議法 ・問題解決討議法 ・会議式指導法 ・ブレーンストーミング ・バズセッション ・ディベート	受講者の相互討議で問題解決能力等を養う研修技法 ・特定課題を自由討議で行う討議法 ・職場の問題を解決するための討議法 ・原理原則等、一定の結論を導き出す討議法 ・発想や創造性を促進する討議法 ・小グループに分かれて実施する討議法 ・説得力や論争力を養う対向討議法
③事例研究法 ・短縮事例法 ・ケースメソッド ・インシデントプロセス ・インバスケット ・実例研究法	事例討議で疑似体験や原理原則を確認する研修技法 ・短縮事例による事例研究法 ・長文で複雑な事例による事例研究法 ・事実収集のステップが入る事例研究法 ・未決箱の処理を行う事例研究法 ・実例を素材にして行う事例研究法
④ロールプレイング ・基本動作のロールプレイ ・応用動作のロールプレイ	役割演技を通じて、スキルの向上を図る研修技法 ・基本動作を習得するロールプレイング ・応用動作の習得や役割理解のロールプレイング
⑤研修ゲーム ・アイスブレーク ・シミュレーションゲーム	ゲームを通じ、体験的にスキルの向上を図る研修技法 ・研修導入時の素地づくりのためのゲーム ・疑似体験を通じて実践能力を高めるゲーム
⑥自己診断法	チェックリスト等を活用し自己認知を深める研修技法
⑦理解促進討議法	テストで、原理・原則の理解促進を図る研修技法
⑧その他 ・定型技法 ・見学、実習	その他、さまざまな研修技法がある ・KJ 法や TA（交流分析）等、標準化された定型技法 ・実地観察や作業実習等の体験学習法

実践編 ● 第4章 OFF-JT を推進する

講義法を効果的に活用する

講義法は、研修技法の中で最も基本的な技法であり、活用頻度が高いものです。一度に多人数を研修できるという利点がありますが、一方通行にならないように工夫が欠かせません。

1 技法の特性に着眼して活用法を考えます

● 講義法は、知識や情報を習得させる場合に効果的であるというだけでなく、ものの考え方や職業に対する価値観、態度などについても、講師が直接受講者に語りかけることによって与える影響は大きいといえます。

● 講義法のメリットとして、一般的には次のような点があげられます。
　①どのような対象、どのような場所でも、一度に多人数を研修できる。
　②他の研修技法ほど時間的制約がなく、短時間でも可能である。
　③テーマに関する知識や情報があれば、講義の技術はさほど問われない。
　④一度に多くの知識や情報を受講者に伝えることができる。
　⑤受講者が共通に知りたい知識や情報を伝えるのに適している。

● 反面、一方通行で理解の確認が得られない、受講者が受け身になり、学習意欲を起こさせるのが難しい等の問題点があります。研修技法の特性に着眼した活用法を考えることが大切です。

● **講義法の研修では、講師の選定にとくに留意**する必要があります。講義でどのような内容を具体的に取りあげるのかを明確にし、専門的な知識や情報の質と量、受講者との共感等を勘案して講師を選ぶことが大切です。【図表53】、【図表54】参照

2 職場内集合研修では、「ミニ講義法」が有効です

● **職場内集合研修では、「ミニ講義法」を積極的に活用**することです。職場内で1時間程度の集合研修を実施し、内部講師が20〜30分の「ミニ講義」を行うというものです。30分程度であれば、比較的誰でも実施しやすいものです。

● 読書研究や課題研究と併用しながら「ミニ講義」を行うと、受講者（参加者）だけでなく、内部講師（発表者）自身にとってもよい勉強の機会になります。

【図表 53】講義法の標準的なすすめ方

導入
- テーマの重要性を認識させる。
- 講義のねらいや目標を明示する。
- 講義の概要を示し、興味と関心を持たせる。

展開
- 講義内容を細分化し、項目ごとに説明する。
- 具体例やデータで説明する。
- 受講者の立場との関連づけを行う。
- 部分と全体との関係を明確にする。

終結
- 概略を振り返り、重要ポイントを強調する。
- 講師としての感想や期待を述べる。
- 受講者に質問させる。

【図表 54】内部講師（自分が講師をするとき）の留意点

①講義レジュメやシート、参考資料を事前に作成する

- レジュメはわかりやすく構成する。
- メモ欄を付けるのが望ましい。
- ワークシート、参考資料は、別刷で配布するのも効果的である。
- パワーポイントや DVD 等、視聴覚教材等を有効に活用する。

②事前にレッスンプランを作成

- 研修の趣旨やねらいに応じて項目を絞り込む。
- 講義時間に合わせて、配列を考え、話を組み立てる。
  ― レッスンプランには時系列に講義内容、質問事項、凡例、強調点等を記入。
- 実際の講義の情景を想定してみる。

③講義の態度と話し方に気をつける

- 失敗を恐れず、自信のある態度で臨む。
- 誠意と熱意をもって、受講者全体に目配りしながらすすめる。
- 「明朗、正確、肯定的」が、話し方の三原則と心得る。
- 難しい言葉を避け、ユーモアをもって語りかける。
- 質問には正確に答える。

④パワーポイントや板書の文字は大きく正確に

実践編 ● 第 4 章 OFF-JT を推進する 81

討議法を効果的に活用する

討議法は、一定のテーマや課題を受講者に討議させる研修技法です。問題解決能力の向上を目的とするのが一般的ですが、実際のすすめ方には、いろいろなバリエーションがあります。

1 討議法の活用方法を検討します

● 討議法は、ある程度の経験や知識を持つ受講者が、さまざまな問題や課題について、お互いに意見を交換し、共通の理解や価値体系をつくりながら、グループとしての結論を導き出していく研修技法です。【図表55】参照

● 討議のねらいやすすめ方によって、「課題討議法」「問題解決討議法」「会議式指導法」「ディベート」等があり、「ブレーンストーミング」「バズセッション」「パネルディスカッション」等を補助的に活用することがあります。【図表56】参照

● 討議法のメリットとしては、次のような点があげられます。
　①受講者中心にすすめられるので主体性や自主性が高まる。
　②問題意識や視野の拡大につながり、問題解決能力が向上する。
　③集団としての考え方や意識を共有化し、全体の能力が向上する。
　④結論が集団決定であるため、受講者に受け入れられやすい。
　⑤チームワークやリーダーシップの醸成に役立つ。

2 問題解決討議法を積極的に活用します

● **職場内集合研修では、問題解決討議法を積極的に活用**すると有効です。職場で実際に直面している問題や将来に想定される問題を取りあげれば、受講者の関心も高く、活発な討議が期待できます。討議が効果的に行われれば、問題意識や解決の方向が共有され、職場の実際問題の解決にもつながることになります。

● しかし、当事者意識を持った前向きな討議が行われなければ、組織批判の場や不満のはけ口となり、かえってマイナスに作用することもあります。討議リーダーが、しっかりとしたリーダーシップを発揮し、討議の方向づけを行う必要があります。職場外の専門家やスーパーバイザーのアドバイスを受けるのも効果的です。【図表57】参照

【図表 55】討議法の標準的なすすめ方

導入
- 討議テーマを提示し、目標を明示する。
- 討議のすすめ方を説明する。
- 討議リーダー、発表者（書記）を選任する。

展開
- 小グループで討議する。
- 討議結果をまとめる。
  〜一定の様式にまとめる場合が多い。

終結
- 小グループの討議結果を発表する。
- 相互評価と全体討議を行う。
- ポイントをまとめ、講評する。

【図表 56】ブレーンストーミングの 4 原則

①批判厳禁	・その場で良い悪いの判断や批判をしない。
②自由奔放	・制約なしに自由奔放に発想し、意見を述べる。
③多数歓迎	・アイデアの量が多いほうがよい。
④便乗発展	・他人のアイデアを参考に連想発想を促進する。

【図表 57】問題解決討議法の標準的なすすめ方

①討議テーマを設定する
- 現実的で具体的なテーマを設定する。
- リーダーが提示する場合と参加者が自主的に決定する場合がある。
  （枠組みを提示し、参加者が自主的に決定するのが望ましい）

②テーマをめぐる事実関係を分析、診断する
- 事実を多面的（要素別）に分析し、診断する。
- 事実と心理的事実を区別して診断する。

③問題点を摘出する
- 解決すべき問題点をリストアップする。
- 問題の本質（原因）を分析する。
- 問題点を整理（優先順位づけ）する。

④解決策を検討する
- 解決目標を設定する。
- 資源を吟味し、解決策を検討する（当面と長期の両面から）。

実践編 ● 第4章　OFF-JT を推進する 83

ステップ 16④ 事例研究法を効果的に活用する

事例研究法は、現実に近い具体的な事例を受講者に与えて、そこに含まれている問題点を分析し、解決策を検討していく研修技法です。分析力や判断力、問題解決能力等の向上に役立ちます。

1 事例研究法の活用方法を検討します

● 事例研究法は、具体的で身近な事例が提示されるため、受講者の参加意欲も高く、相互の経験をベースに活発な論議を交わすことができます。事例について"正解"を求めるのではなく、より現実的で適合的な解決策（意思決定）を研究するのがねらいです。【図表58】参照

● 活用する事例や討議のすすめ方によって、「ケーススタディ」「ケースメソッド（ハーバード方式）」「インシデントプロセス」「イン・バスケット」等、いろいろな方式があります。それぞれ特徴がありますが、職場研修として一般的に活用される頻度が高いのは「ケーススタディ」です。

● 事例研究法の導入にあたっては、次のような点に留意する必要があります。
　①受講者は、ある程度経験を積んだ者を対象に行う。
　②多面的な分析や発想ができるよう、グループは職種や年齢の異なる人を組み合わせる。
　③活用できる既存のケースが少ないので、できるだけ自前の事例を作成する。
　④討議内容が表面的でうわすべりにならないようリードする。
　⑤単なる「経験」の交流で終わらないよう、一般原則とのすり合わせ（検証）を行う。

2 実例研究法を積極的に活用します

● **職場内集合研修では、「実例研究法」を活用**すると有効です。実例研究法は、研修用の事例（ケース）の代わりに、受講者が現実に体験した"生の事例"を素材にして事例研究を行うものです。受講者が相互にインシデント（出来事）を提示し、その背景の事実を質問形式で引き出しながら、解決策を検討することになります。

● この実例研究法の特徴は、事例研究法の一類型である「インシデントプロセス」の手順を活かしながら、職場の生の問題解決を図り、相互理解を深め、あるいは問題解決への実践力を高めるところにあります。【図表59】参照

【図表 58】事例研究法の標準的なすすめ方

導入
- 事例を提示し、個人研究を行う。
- 事例研究（討議）のすすめ方を説明する。
- 討議リーダー、発表者（書記）を選任する。

展開
- 小グループで討議する。
- 「事実診断」「問題点の摘出」「解決策の立案」の手順で討議を行う。

終結
- 討議結果をまとめる。（様式に従って）
- 小グループの討議結果を発表する。
- 相互評価と全体討議を行う。
- ポイントをまとめ、講評する。

【図表 59】実例研究法の標準的ステップ

①インシデントの提示
- 受講者がインシデント（出来事）を記述する。
- 小グループで、インシデントを紹介する。
- 討議インシデントを決定する。

②事実関係の収集
- インシデントの背景事実を収集する。
- インシデント提供者に対し質問形式で行う。
- 事実関係をよく診断する。

③立場の明確化
- 誰の立場で検討するか、立場を明確にする。

④問題点の摘出
- 何が問題か、解決すべき問題状況を把握する。
- 原因を究明し、真の問題点を明らかにする。

⑤解決策の立案
- 解決策を検討する。
  - ①当面どうするか（応急対策）
  - ②今後どうするか（恒久対策）

⑥教訓の提出
- この事例から学んだ教訓を抽出する。（内容とプロセスの両面から）

⑦発表と相互検討
- 討議内容を発表する。
- インシデント提供者が感想を述べる。（事実、実際の解決策を発表する）
- まとめを行う。

実践編 ● 第 4 章　OFF-JT を推進する　85

ステップ 16 ⑤ ロールプレイングを効果的に活用する

ロールプレイング（役割演技法）とは、現実に近い、ある役割（ロール）を演じる（プレイング）ことによって、立場や役割を理解し、基本動作などを体験的に習得する研修技法です。

1 ロールプレイングの活用方法を検討します

● ロールプレイングは、体験を通じて習得する研修技法です。人間は体験を通じて学ぶ存在であり、研修においても"ラーニング・バイ・ドゥーイング"（なすことによって学ぶ）という考え方は重要です。個人の体験領域は限られたものですから、ロールプレイング等を通じて、ある特定の役割を疑似体験することの意義は大きいといえます。

● ロールプレイングは、ねらいや目的によっていろいろなすすめ方がありますが、一般的には次のような効果が期待できます。
　①繰り返し演じることにより、基本動作が身につく。
　②突発的な事態に際して、どのように行動するか、場面対応力が身につく。
　③相手の立場や役割の理解を通じて、人間関係の理解が深まる。
　④相手に対する自分の行動や態度の傾向に気づき、自己覚知ができる。
　⑤役割を演じることにより、自主性や創造性が高まる。

2 目的に応じていろいろなバリエーションで行います

● ロールプレイングは、活用目的によって次の3つの類型があります。
　①基本動作や基本技能を習得させるために行うもの
　②場面対応力や応用動作を習得させるために行うもの
　③気づきを促し、態度や行動の変容をねらいとするもの

● **基本動作や基本技能（たとえば介護の基本技術等）のロールプレイングを行う場合は、演技内容をあらかじめ標準化しておき、繰り返し訓練すること**になります。しかし、応用動作や気づきを促すロールプレイングの場合は、場面設定と役割を決めて、演技内容は演技者自身に考えさせ、演技の後で行う「フィードバック」を通じてさまざまなポイントを学ばせることになります。研修目的に応じて、いろいろなバリエーションを使いこなすことが大切です。【図表60】【図表61】参照

【図表 60】ロールプレイングの標準的なすすめ方

導入	・ロールプレイングの目的とすすめ方を説明する。 ・役割（演技者と観察者）を決定し、準備をさせる。 ・ウォーミングアップを行う。
展開	・実際に演技する。（役割交代で再演技する） ・観察者は観察シートで評価を行う。
終結	・観察シートで振り返りを行う。 ・良かった点、改善点を明確にする。 ・演技者に感想を述べさせる。

【図表 61】ロールプレイングにおける「フィードバック」のポイント

①演技が終わったら、全体で演技の評価とフィードバックを行う

・演技者自身が感想を述べる。
・観察者の感想とフィードバックを行う。良かった点、改善すべき点を指摘する。
・動画撮影機器があれば、再現しながら検討する。
・指導者が講評する。（必要に応じてモデル演技を行う）

＜観察シート＞

良かった点	改善すべき点
・ ・ ・ ・	・ ・ ・ ・

②感想やフィードバックをもとに再演技を行う

・演技者の立場を相互に交代（役割交代）して行う。
・演技者と観察者を交代して行う。

実践編 ● 第 4 章　OFF-JT を推進する　　87

ステップ 17 職場外派遣研修を効果的に推進する

社会福祉研修実施機関や種別協議会等が行う研修への派遣は、今後も積極的に行う必要があります。この場合、大切なことは、目的を明確にし、計画的に実施し、結果をしっかりとフォローすることです。

1 派遣研修の計画を立て、適切な研修コースを選択します

● 職場外派遣研修を効果的に実施するためには、**派遣研修の計画を立案し、研修ニーズや研修対象者に合致した研修機関と研修コースを選択すること**が重要です。次のようなポイントに留意することが大切です。
　①計画の立案にあたっては、できるだけ多くの情報を収集する。
　②これまで派遣してきた研修機関やコースについて、適切に評価する。
　③実績があり、成果が期待できる研修機関を選定する。
　④年度研修計画や研修ニーズに合致した研修コースを選択する。
　⑤費用対効果の視点で派遣の必要性を検討する。
　⑥職命研修で派遣するか、自主参加研修にするかを判断する。
　⑦派遣対象者（受講者）を選定する。
　⑧派遣対象者（受講者）へ事前通知し、職務調整を行う。

2 派遣研修の運営管理を適切に行います

● 派遣研修には、①社会福祉研修実施機関や種別協議会等が実施する階層別・職種別・課題別の研修コース、②研究会や学会、③資格取得コース、④他施設・事業所等への派遣（実習）、⑤大学や研究機関等への国内留学、⑥海外派遣、等があります。目的や形態により、人選の基準や手当て、旅費の支給等、あらかじめルール化が必要です。

● また、"派遣してしまえば、あとは研修機関任せ"といった姿勢では、派遣研修の成果は期待できません。**事前に研修の目標を立て、上司からの期待を明確にし、受講者の参加意欲を高めること**が重要です。派遣前後のフォローアップを行い、効果的な運営管理を行うことが必要です。次のようなポイントに配慮することが大切です。
　①派遣対象者に対するオリエンテーションや動機づけをしっかり行う。
　②派遣研修の参加手続きや取扱い基準を明確にしておく。
　③職場の上司や関係者にも研修の意義や内容を理解してもらう。
　④研修終了後に、復命書（報告書）を必ず提出してもらう。
　⑤研修終了後に、研修報告の場をつくる。
【図表62】【図表63】参照

【図表62】派遣研修の管理項目

所属		氏名	
①研修コース名			
②研修実施機関			
③研修期日（期間）			
④研修場所（会場）			
⑤研修目的・内容			
⑥研修参加費用			
⑦事前手続き			
⑧復命・報告			
⑨事後手続き			
⑩その他			

【図表63】研修受講復命書（例示）

研修受講復命書（派遣研修・SDS用）

年　　月　　日

役職・氏名	

この度の研修受講について、次のとおり報告します

研修名	社会福祉施設リーダー職員研修	主催者	○○県社会福祉協議会
日　時	○年○月○日（○）〜○日（○）	講　師	○○　○○
場　所	社会福祉研修センター		※要綱添付

1. 研修の目標と心構え（事前記入）	○ 社会福祉施設のチームリーダーとして必要な知識および技術を習得し、より効果的な施設の管理・運営を図ることを目的にする研修である。 ○ 新任のチームリーダーとしてチーム運営のあり方や職員指導、リーダーシップについての理解を深めたい。	
2. 研修で学んだこと（研修概要）	①原理原則に立脚した業務管理や職員育成が大切である。 ②チームワークには、問題意識や目標の共有化が必要である。 ③これからの職員育成は、OJTが重要である。日常の機会指導を意識的に行う。 ④効果的なリーダーシップの発揮には、職員への共感と具体的要望が重要である。	
3. 研修の評価と感想	5　十分達成 ④　ほぼ達成 3　どちらともいえない 2　やや不十分 1　不十分	○ 講義を通じて、原理原則を学ぶことができた。また、日々の実践についての問題意識を相互に討議できたことが有益であった。 ○ 施設や職員が異なっても、管理職員は共通の悩みがあることがわかった。 ○ チームリーダーとしての役割の大切さを自覚した。
4. 今後、職務に活用できる点	○ チームとしての改善目標を職場のメンバーと話し合って決めていきたい。 ○ 職員指導としてのOJTの重要性を認識し、日常の機会指導を積極的に行っていきたい。 ○ 重点的な指導を必要とする職員に対しては、じっくり面接の時間をとりたい。	
上司コメント	○ 大変良い勉強をされたようです。研修の成果をぜひ実践で活かしてください。 ○ さらに自己研鑽を続けられることを期待します。 ○ このコースを受けていないチームリーダーに、研修の体験を伝達してください。	

上司		施設長		（回覧）		担当	

ステップ 18 OFF-JTの事前準備を行う

職場内集合研修を行う場合にも、事前準備を周到に行うことが大切です。ここでは、そのポイントをまとめておきます。

1 「実施要綱」を作成し、周知します

● **集合研修プログラムが具体化したところで、「実施要綱」を作成する**とよいでしょう。この実施要綱には、次のような事項を簡潔に折り込むことです。
　①研修のねらいや目的
　②研修の対象者（指定または募集の対象者）
　③研修の日時
　④研修の会場
　⑤研修の内容と方法、カリキュラム
　⑥研修の講師
　⑦研修の担当者（問い合わせ先）

● 実施要綱を作成することで、次のような効果が期待できます。
　①計画段階で決定しなければならない要素を改めて確認できる。
　②受講対象者やその上司等、関係者に内容を正確に周知できる。
　③受講者の研修参加への意識づけに役立つ。
　④講師に送付することで、研修プログラムの主旨や内容を周知できる。

2 職場研修の準備を確実に行います

● 実施要綱は、少なくとも1か月前までに作成し、受講者および関係者に文書で周知することが必要です。実施要綱の内容に加えて、①受講者名簿、②グループ編成表、③研修の心構え、④受講にあたっての留意点等を「研修の手引き」として作成し、受講者に配付するのも有効です。

● **研修の事前準備は、チェックリスト等を活用し、漏れがないように行うこと**が望まれます。研修当日になって会場の設営に不備が生じたり、必要な備品や消耗品が不足しているようなことがないよう注意します。講師とも事前に十分打ち合わせておくことが大切です。【図表64】参照

【図表64】集合研修の事前準備チェックリスト（例示）

①事前連絡

- ☐ 受講者への連絡（開催通知、出欠の確認）
- ☐ 事前課題等の連絡
- ☐ 受講者の上司への連絡（開催の趣旨、派遣要請等）
- ☐ 講師への連絡（事前打ち合わせ、前日の連絡）
- ☐ 関係者への連絡（開催挨拶等の連絡）

②教材・教具等の準備

- ☐ 研修カリキュラム
- ☐ 研修テキスト（レジュメ、事例、討議課題等）
- ☐ 補助教材（シート、参考図書等）
- ☐ 研修用備品（模造紙、付箋、ペン等）

③研修会場の準備

- ☐ 研修室の確保（スペース、機材等の確認）
- ☐ 研修室のレイアウト
- ☐ マイク
- ☐ パワーポイントやDVD等の機材
- ☐ 水差し、おしぼり

④受講者および講師に関する準備

- ☐ 受講者名簿
- ☐ グループ編成表、座席表
- ☐ 名札、ネームプレート
- ☐ 修了証
- ☐ 講師のプロフィール
- ☐ 講師謝礼

⑤その他

- ☐ 研修アンケート
- ☐ 食事、お茶等の準備

実践編 ● 第4章　OFF-JTを推進する　91

OFF-JTを進行管理する

集合研修の進行管理は、内部講師の場合と外部講師の場合とではかなりの違いがあります。ここでは、外部講師による集合研修を念頭におきながら、基本的な留意点を押さえましょう。

1 研修開始時に、十分な配慮が必要です

● **研修の開始時には、受講者や講師の緊張を和らげ、研修をスムーズにスタートさせるための配慮**が大切です。学習は、心理的な準備状態ができることによって、効果的に行われるものです。これを、「レディネス」といいます。

● そのためには、まず、受付で、受講者や講師をあたたかく迎え入れ、開講式やオリエンテーション、講師紹介等の導入部分において、研修のねらいや目的、目標等を明確にしながら適切な動機づけを行い、受講者と講師とが一体となって研修をすすめることができるような雰囲気づくりを行うことが大切です。

● 緊張を解きほぐすために、受講者相互の自己紹介や簡単なアイスブレークを採り入れるのも効果的です。アイスブレークを通じて、緊張感や抵抗感、不安感等が一掃されます。講師と打ち合わせのうえ、実施するとよいでしょう。【図表65】参照

2 注意事項やルールは、ソフトに徹底します

● 研修中の中座や携帯電話の使用等は、研修効果に影響を及ぼすものです。また、研修中の服装や身だしなみ、休憩時間等は、受講者としては気になる点であり、研修効果にも間接的に影響があります。あらかじめ「研修の手引き」等に明記し、徹底するとよいでしょう。

● 担当者として、とくに気を使うのが時間管理です。時間通りに進行できるよう受講者や講師にも十分徹底しておかなければなりませんし、当日の進行管理でもズルズル遅延してしまうことのないよう注意します。

● 研修担当者は研修の"世話役"ですが、**受講者とともに学ぶ姿勢を持つこと**が大切です。一緒に講義を聞き、ともに考えるという真摯な姿勢が、担当者に対する受講者や講師の信頼感の基礎になります。

【図表 65】集合研修を効果的に運営するためのポイント

①研修の受付を行う

☐ 会場入口に受付を設け、丁寧に受け入れ、出欠の確認をする。

☐ テキスト、名札、ネームプレート等は、座席に置いておく。

②開講式を行う

☐ 開会挨拶（研修担当者）／主催者挨拶（経営者、管理者等）を行う。

☐ 受講上の留意点を説明し、事務局の自己紹介を行う。

③研修のオリエンテーションを実施する

☐ 研修のねらいや目的、目標を明確にし、受講者を動機づける。

☐ 「研修実施要綱」「研修の手引き」等を用いて説明する。

☐ 受講者の自己紹介やアイスブレークを行うと効果的である。（研修オリエンテーションを講師が行う場合がある）

④講師を紹介する

☐ 紹介する内容は、氏名、所属、専門分野、経歴、主要著書、論文等

☐ 事前に講師と打ち合わせておくのが望ましい。

⑤研修の進行具合に気を配る

☐ マイクの音量や騒音に気をつける。

☐ 教具、備品等が必要な場合は迅速に準備する。

☐ 講義内容の録音は、事前に講師の了承を得ておく。

☐ 休憩時に水差しやおしぼりの交換、ホワイトボードの清掃等を実施する。

☐ 担当者としてもできるだけ研修内容を傍聴する。

⑥研修終了時に質問を取り、全体をまとめる

☐ 質問の有無を確認する。

☐ 研修内容を振り返り、研修の成果や活用方法等を確認する。

☐ 研修の内容をまとめ、講師への感謝の辞を述べる。

⑦閉講式を実施する

☐ 閉会挨拶／修了証授与／主催者挨拶を行う。

☐ 研修のアンケートをとる。

実践編 ● 第4章　OFF-JTを推進する　93

ステップ20 OFF-JTのアンケートと評価・確認を実施する

集合研修については、終了時にアンケートを実施し、内容や成果について総合的な評価・確認し、その結果を次年度の研修計画に反映させることが大切です。

1 アンケートを実施し、総合的に評価・確認します

● **アンケートは、研修について受講者がどのように受け止め、評価をしているかを知るためのもの**です。個別の集合研修の内容や成果を総合評価するための重要な指標になります。

● 個別の研修プログラムを評価・確認することの意味は、次のような点にあります。
　①研修プログラムの目標達成度を明らかにする。
　②研修プログラムの成果や問題点を把握し、次の研修計画に結びつける。
　③評価結果を受講者にフィードバックし、フォローアップの資料にする。
　④上司にフィードバックし、OJTによるフォローに結びつける。
　⑤研修記録として保管し、研修施策や人事施策に活用する。

2 研修プログラムごとにアンケートを実施し、実施記録を残します

● 受講者アンケートの方式は、記名式と無記名式があります。本音を調べるためには無記名式がよいと言われますが、責任ある回答を求めるためには記名式が好ましいでしょう。【図表66】に示したように、できるだけ数値化してとらえられ、率直に感想を記述してもらえるような工夫が必要です。

● 研修終了時の受講者アンケートの他に、職場復帰後の受講者の感想、上司や関係者の感触等について、再度アンケートを実施したり、直接インタビューすることも重要です。研修成果が、職場生活や実務の向上にどれだけ効果をもたらしたかを把握することができます。

● **アンケートや総合的な評価結果は、研修プログラムごとに、その都度「実施記録」としてまとめておく**ことが重要です。とくに毎年継続して行うような研修プログラムについては、評価・確認時に次年度計画の概要を立案する取り組みが求められます。【図表67】参照

【図表 66】 研修受講者アンケート（例示）

今回の研修について、次の項目に率直にお答えください。

なお、5 段階評価は下記の基準に従ってください。

＜5：大変良い、4：良い、3：普通、2：あまり参考にならなかった、1：参考にならなかった＞

1．今回の研修のねらいと目標は、次の 3 つの項目でした。それぞれの項目についてあなたの達成度を 5 段階
で評価し、その理由を記述してください。

  (1) _____　　　　5・4・3・2・1（理由：　　　　　　　　　　　　　　　　　）

  (2) _____　　　　5・4・3・2・1（理由：　　　　　　　　　　　　　　　　　）

  (3) _____　　　　5・4・3・2・1（理由：　　　　　　　　　　　　　　　　　）

2．次の項目について、あなたの満足度を評価し、その理由を記述してください。

  (1) 研修の期間について　　　　5・4・3・2・1（理由：　　　　　　　　　　　　　　　　　）

  (2) 研修の時期について　　　　5・4・3・2・1（理由：　　　　　　　　　　　　　　　　　）

  (3) 研修カリキュラムについて　5・4・3・2・1（理由：　　　　　　　　　　　　　　　　　）

  (4) 研修講師について　　　　　5・4・3・2・1（理由：　　　　　　　　　　　　　　　　　）

  (5) 研修の運営全般について　　5・4・3・2・1（理由：　　　　　　　　　　　　　　　　　）

3．今回の研修で感じたこと、今後の研修への期待などを記述してください。

  （　　）

【図表 67】 個別研修プログラムの実施記録（例示）

研修名		開催日	
受講者	対象者	テーマおよび講師	
	出席者		
研修概要			
研修評価			
次年度への課題			

実践編 ● 第 4 章　OFF-JT を推進する　｜　95

実践編

第5章 SDSを推進する

● SDS（自己啓発支援制度）は、職員の自己啓発意欲を基礎におきながらも、それを一層促進支援するためのシステムです。研修担当者として、具体的に何を行わなければならないか、本章では、ハードとソフトの両面から支援策を検討します。

● そのうえで、SDSの実際の進行管理について、着眼点を提示しています。職場の実情に立脚し、効果的な支援施策の推進を図ってください。

第5章の流れ

★★★＝すべての職場で取り組みたい項目
★★☆＝できれば取り組みたい項目
★☆☆＝さらに充実するための参考項目

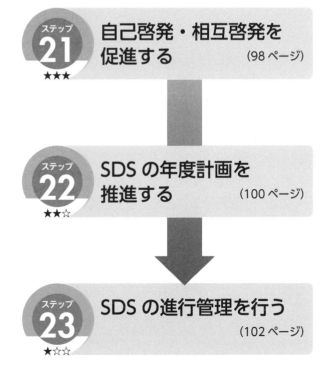

ステップ21 ★★★ 自己啓発・相互啓発を促進する （98ページ）

ステップ22 ★★☆ SDSの年度計画を推進する （100ページ）

ステップ23 ★☆☆ SDSの進行管理を行う （102ページ）

自己啓発・相互啓発を促進する

これからの職場研修では、自己啓発・相互啓発を促進し、学習する組織風土を形成することが重要です。ここでは、自己啓発・相互啓発を促進するにあたっての基本的な視点についてふれておきます。

1 職員の自己成長意欲を基礎に職場研修を推進する

● 職員は誰もが自己成長したいという欲求をもっており、潜在的に成長する力をもっています。SDS（セルフ・ディベロップメント・システム＝自己啓発支援制度）は、そうした**職員の欲求や可能性に対し、組織として積極的に支援していこうというもの**です。

● 自己啓発を促進することによって、職員は、自己の専門能力や職業人・組織人として幅広い能力を身につけ、深化させることに役立ち、仕事での達成感や効力感、上達感を醸成し、自己実現を図ることにつながります。

● 主体的に自己啓発に取り組むことは、業務に携わる姿勢を能動的にし、それは他の職員へも刺激を与えることになるでしょう。自己啓発は、自分自身の関心や問題意識に基づいて行うものですが、現在の職務に直接関係するものばかりではなく、幅広く周辺分野に拡大することが望まれます。そこから得られた知見や技術は、専門業務の幅を広げ、あらたな可能性も広げてくれることになります。

● 相互啓発は、自己啓発活動を職場内外の仲間とともに取り組む活動です。仲間同士の刺激と支え合いが、自己啓発を行う意思を助け、相互啓発の刺激が職場全体の刺激にもなり、チーム力を高め、学習する組織風土を形成することになります。【図表68】参照

2 次のキャリアを見据えた自己啓発を

● 長い職業人生の中には、いくつかのキャリアステージがあります。職員は、それぞれのキャリアパスを見据えて自己の専門性の深さや幅を拡大していかなければなりません。組織やチームの一員として求められる役割行動を果たしていくための組織性については、現状の立場や役割のなかで期待されるレベルの能力を習得することを当面の目標としながらも、次のキャリア段階に向けての啓発が求められることになります。

● **自分自身がめざす「将来のありたい姿」と組織や上司が期待する「将来のあるべき姿」の双方**を描きながら、能力開発のテーマを設定し、テーマに応じた研修の方法や機会を検討していくことが大切です。

3 実践能力を高める

● **自己啓発や相互啓発のゴールは、実践能力を高めること**です。実践能力があり、活動の成果に貢献できる能力のことを、一般に「コンピテンシー」と呼んでいます。コンピテンシーの高い人は、【**図表69**】の3つの特徴があるといわれています。また、コンピテンシーは啓発可能なもので、自己啓発・相互啓発の指針にしてほしいものです。

【図表68】自己啓発、相互啓発の類型と取り組みにあたってのポイント

自己啓発・相互啓発の形態	取り組みのポイント
個人学習、研究活動	自分の自由時間を使って、自分の学びたいテーマを自主的に学習していく活動。自分で目標をもち、計画を立てて取り組むことがポイントとなる。
外部研修会、研究会への参加	日頃の業務を見直し、新しい知識や情報の収集を図るために、自主的に研修会や研究会に参加する。その場合、上司に報告し、支援してもらうことも可能である。
資格取得講座の受講	現状に満足することなく、さらなる資格取得をめざすことは、職務上必要であるとともに、自己実現の手段でもある。目標に向かって学習スケジュールを立て、計画的に取り組むことがポイントとなる。学習方法としては、通信教育やe-ラーニングといった方法も有効である。
自主的勉強会、学習サークルへの参加	共通の課題やテーマについて、職場内外の仲間とグループをつくって相互に学習し合う場を設け、学んでいく方法である。テーマの設定や学習方法（文献を読み合う、事例をもち寄る、講師を迎えるなど）、会の運営方法などを自主的に決め、運営も自分たちで担っていくことが必要である。
情報交換会、その他	広く職場内外、同職種、異職種間で情報を交換したり、人的ネットワークを広げる機会をもつこと。人的ネットワークを広げるには、SNSの活用も有効である。インターネット等も活用し、あらゆることにアンテナを広げておくことが大切である。

【図表69】実践能力（コンピテンシー）の開発をめざす

実践能力（コンピテンシー）の高い人の特徴

①めざすべき方向や目標を明確にイメージし、そこに至るシナリオがある
②その目標やシナリオを実現するための技術的能力と対人関係能力をもっている
③もっているだけではなく、それを行動に移している

実践能力（コンピテンシー）を高めるために

「視野の拡充」を図る	・自分の専門領域や仕事に関する技術やテーマの動向に関心をもつ
「視点の転換」を図る	・周囲の人が自分に何を期待しているのかをよく考慮して仕事をすすめる
「意図的行動習慣」を身につける	・常に効果的な行動を探索し、意図的行動習慣を実行する
「意識化習慣」を身につける	・経験を振り返り（成功の方程式・失敗の要因）、フィードバックを受容する ・他者（ロールモデル）の経験を取り入れる

（出典）古川久敬『チームマネジメント』日経文庫、日本経済新聞出版社、2004年、157頁・166～169頁を改変。

実践編 ● 第5章 SDSを推進する | 99

ステップ22 SDSの年度計画を推進する

SDSは、職員の自己啓発を支援するシステムです。OJTやOFF-JTを推進するとともに、これからは、個々の職員やグループの自己啓発を積極的に支援していくことが大切です。

1 年度初めに支援施策を決めて、職員に周知します

● 職場研修の年度計画の一環として、SDSの支援施策について基本的な枠組みを策定します。支援施策には、【図表70】に示したように、①ハード面の支援策と、②ソフト面の支援策があります。①の内容としては、「経済的支援」「時間的支援」「物的支援」等、②の内容としては、「啓発情報の提供」「自主的学習会や研究会の組織化」「資格取得の奨励」等があります。

● まず、支援の対象となる自己啓発活動の内容をリストアップしてみるとよいでしょう。①個人の活動には、「個人の研究活動」「外部研修や研究会への参加」「資格取得」「通信教育の受講」等があり、②グループの活動には、「自主的勉強会や学習サークル活動」「情報交換会」「施設見学や交流会」等があります。また、③職場内での自己啓発活動と、④職場外の自己啓発活動に分けることもできます。それぞれに応じた支援施策を検討することになります。

● 次に、それぞれの自己啓発活動に活用できる内外の資源を収集し、吟味してみることです。とくに、社会福祉研修実施機関等の外部専門機関の研修会等については、必要な情報を職員に周知することが大切であり、また、職務命令で派遣するOFF-JTとして位置づけるか、SDSに位置づけるかを組織的に決定する必要があります。

● このような作業を通じて、組織として、何を対象に、どのような支援を行うかを明確にすることになります。年度初めには、支援施策を決めて、職員に周知することが大切です。【図表71】参照

2 自己管理やマンネリ防止の仕組みをつくります

● 個々の職員の自己啓発を自己管理する仕組みをつくることも重要です。「ステップ8」の『個人研修（OJT）計画・評価シート』や、「ステップ9」の『生涯研修（キャリアアップ）計画シート』の活用は、そのための推進施策となります。

● また、職員が自信を失っているときやマンネリに陥っているときなどには、研修担当者が相談に乗り、励ましの助言を与えるといったことも必要になってきます。

【図表 70】SDS の支援施策：ハードとソフト

ハード面の施策	ソフト面の施策
・費用の補助等の経済的支援 ・職務免除等の時間的支援 ・施設や設備等の貸出し、提供等の 　物的支援 ・自己啓発の仕組みづくり	・自主的勉強会や学習サークルの組織化 ・自己啓発の情報や機会の提供 ・資格取得の奨励 ・学習する職場風土の醸成

【図表 71】SDS の推進施策：活用できる資源と具体的施策の検討（様式例）

対象	活用できる組織内外の資源	具体的支援策
個人の研究活動		
外部研修会 研究会への参加		
資格取得 通信教育・e- ラーニングの受講		
自主的勉強会 学習サークル		
情報交換会 施設見学や交流会		
その他		

ステップ 23　SDSの進行管理を行う

　SDSを通じて個々の職員やグループによる自主的な自己啓発活動が継続的に実践されていくためには、研修担当者のきめ細かな目配りと進行管理が大切になります。

1 職員の希望を聴取し、調整を行います

● 年度のSDSの支援施策の枠組みを周知したうえで、**個々の職員やグループがどのような希望を持っているか、意見を聴取すること**が大切です。一般的には、「ステップ22」で検討した「活用できる資源と具体的施策」の内容を示し、期限を決めて登録させることになります。

● 外部研修や研究会等への自主的参加については、場当たり的な対応ではなく、年間スケジュールを年度初めに決めておくことが大切です。参加費用の支援や時間的な便宜を図る場合には、予算化が必要ですし、機会を公平に与えるという意味でも調整が必要になってきます。

● 資格取得の奨励や通信教育の受講についても、経済的、時間的な支援を行う場合は同様の扱いをするのが望ましいでしょう。また、通信教育については、自己啓発として受講する場合、修了者に限って費用の全額または一部を報奨金として支給するといった取り扱いをすると効果的です。このことは、修了率向上に側面的に貢献することになります。

2 日常的にきめ細かな進行管理を行います

● **職場研修としてSDSを活性化させるためには、一般職員の自己啓発意欲を高めること**が重要です。自己啓発に対する興味と関心を持たせることが重要であり、機会あるごとに自己啓発の必要性を積極的にPRすることです。

● 『個人研修（OJT）計画・評価シート』等を活用して職員が立てた自己啓発目標や自己啓発計画にも積極的に関心を示し、時には励ましの助言を与えるといったきめ細かな配慮が望まれます。とくに、結果については、積極的に評価する職場風土を醸成していきたいものです。また、費用の支援や便宜供与を行ったものについては、報告を受け、記録を残すことが大切です。【図表72～75】参照

【図表 72】自主的勉強会や学習サークルを奨励する

- 自主的勉強会や学習サークルを奨励し、時間や会場等の便宜を与える。
- 運営方法やリーダー等の選任は自主的に行わせる。（積極的な関心を持つが、介入はしない）
- 学習や研究の内容から学ぶだけでなく、プロセスからも学ばせる。
- 学習サークルの発表の機会をつくる。
- 職種や専門分野の異なる職員による学習サークルの場づくりを行う。

【図表 73】外部研修会や研究会への参加を促進する

- 外部研修会や学会、研究会等の情報を積極的に提供する。
- 以下のような項目を具体的に一覧表にして職員に示すとよい。

    ＊研修会の名称および主催者　　　　＊テキスト

    ＊受講対象　　　　　　　　　　　　＊研修の特徴、内容（推薦のことば）

    ＊開催日時　　　　　　　　　　　　＊申込先の名称、住所、電話、メール、ホームページ

    ＊受講料（自己負担額）　　　　　　＊会場、交通機関等

    ＊支払方法　　　　　　　　　　　　＊過去の受講者の体験談

- 参加費用の支援や時間の便宜を図る。
- 職場の上司とも話し合い、仕事の調整に配慮する。

【図表 74】資格取得を積極的に奨励する

- 職務に活かせる公的資格等の一覧表を作成し、周知する。
- 資格取得のための研修支援を積極的に行う。（通信教育の奨励、スクーリングに対する便宜供与）
- 公的資格取得者に対する処遇を明らかにする。
- 職場内の有資格者を積極的に活用する。（職場内勉強会でのリーダー役等）

【図表 75】通信教育の受講を積極的に奨励する

- 通信教育や e- ラーニング等を紹介し、職員の啓発意欲を刺激する。
- 受講者の個別の進行状況はこまめにフォローする。
- 修了者の受講料を全額または一部補助する。

実践編 ● 第 5 章　SDS を推進する　103

> 実践編

第6章
職場研修を評価・確認し、処置・フォローする

● 研修管理の最終ステップは、研修の効果測定を行うこと、そして、年度研修計画の実施状況等についての活動の評価・確認を行うことです。本章では、この2つの課題を取りあげます。

● 職場研修は、継続的で地道な努力が必要です。一朝一夕に成果があらわれるものではありません。適切な評価に基づいて、次年度に引き継ぐべきものと、改善すべきものとの区分をすることが大切です。

第6章の流れ

★★★＝すべての職場で取り組みたい項目
★★☆＝できれば取り組みたい項目

ステップ24 職場研修の効果測定を行う

研修効果の測定は、職場研修の成果を評価・確認するために行うものです。知識や技術等の習得度を評価し、最終的には、研修を受けた職員の行動変容や利用者サービスの改善度合い等を判定します。

1 効果測定の目的を明確にします

● 研修の効果測定は、研修内容が、受講者の能力（価値観、知識、技術等）の向上や行動変容、さらには利用者サービス等の改善にどれだけ貢献したかを判定するものです。実施した研修内容の直接的な成果を把握しようとするもので、この結果によって研修の意義や有効性が明らかになってきます。

● しかし、一口に効果測定と言っても、次のようにいくつかの目的があります。**研修担当者としては、何を目的に効果測定を行うのかを明確にしておくこと**が大切です。
　①知識や情報の理解度を測定する。
　②技術や技能の習得度を測定する。
　③価値観や態度の変化、意欲の向上度を測定する。
　④職務行動の変容度を測定する。
　⑤利用者サービスの改善や職場活性化等に対する貢献度を測定する。

● 目的が明確であれば、【図表76】で示したような「効果測定の方法」を参考に、いくつかの方法を組み合わせて実施すると効果的です。

2 効果測定の結果を次のステップに反映します

● **効果測定の結果は、次の研修施策や研修計画の策定に反映すること**が大切です。職場研修の責任者である経営者に報告するとともに、関係する管理職員やチームリーダー等にフィードバックし、職場研修に対する理解を深め、改善課題を明確にすることに役立てます。研修の成果を高めるために本人にフィードバックすることも検討する必要があります。これからは、**研修履歴管理を徹底し、人事管理やキャリアパスの運用に活用すること**も重要になってきます。

● 研修成果を実務に反映させるためには、研修内容を踏まえて、【図表77】に示したような「チャレンジ目標と実行プラン」を受講者につくらせることです。「チャレンジ目標と実行プラン」に基づいた実践が行われ、「結果の評価・確認」が行われることによって、研修成果は確実に実務に定着することになります。

【図表 76】効果測定の主な方法

方　法	内　容
客観テスト	・知識の習得度の判定、応用力の判定に有効である。 ・研修前後の評価が必要である。 ・行動変容の判定には不向きである。
行動観察法	・受講者の行動をありのままに観察し、評定する。 ・態度、行動、パーソナリティーの評価に適する。 ・客観的評価が難しい。
面談法	・受講者面談を通じて話し合いながら評価する。 ・人格、行動特性、学習の態度、意欲、熱意等、幅広い領域の評価ができる。 ・面談者の専門性が問われる。
レポート	・知識の習得度合いや応用力、情報収集力、構想力等の判定に有効である。 ・研修との因果関係を明確にすることがポイントである。
実習	・技術や技能の習得度合い、態度や行動等の検証に効果的である。 ・前後評価が望ましい。
上司等へのアンケート	・研修直後には把握しにくい能力、態度、意欲等の向上の検証に効果的である。 ・職場環境、受講者の仕事の内容、上司の判断基準等、他の要因が介在するため正確な判定が難しい。

【図表 77】チャレンジ目標と実行プランシート（例示）

チャレンジ目標と実行プランシート（例示）

今回の研修で学んだこと	これからの行動指針		
	チャレンジ目標	実行プラン （方法・スケジュール）	結果の評価・確認

年度研修計画と活動実績を評価・確認し、処置・フォローを行う

ステップ 25 ★★☆

PDCA（計画 - 実施 - 評価・確認 - 処置・フォロー）の研修管理サイクルで行われる最後のステップです。そのなかでも実務で重要になってくるのが、年度研修計画と活動実績の評価・確認とそれに基づく処置・フォローです。

1 年度計画を総合的に評価・確認します

● 年度研修計画は、中間段階と期末にその成果や実施経過について適切に評価・確認し、必要な軌道修正を行うとともに、次年度の計画につなげる必要があります。研修をやりっ放しで、適切な評価・確認を欠いた活動では、研修担当者の独断や施策のマンネリ化を招くことになります。

● 中間および期末の評価・確認は、総合的な視点で行うことが大切です。基本的には、①成果の評価・確認、②実施経過の評価・確認、③計画内容の評価・確認、の３つのレベルに着目することが求められます。具体的な着眼点は、【図表78】で示したようなポイントになります。

● 本マニュアルでは、『職場研修計画・評価シート』を活用することによって、年度研修計画の策定と評価・確認とを一連で実施できることになっています。年度初めに立てた「年度研修計画」をもとに、その成果がどうであったかを評価・確認し、次期や次年度への課題を明確にしてください。【図表79】参照

● 個々の職員の研修実績については、『個人研修（OJT）計画・評価シート』に基づいて評価することです。個人の自己評価と上司評価との両方を記入させ、研修担当者へ提出を求めるとよいでしょう。年度計画を評価する裏付けデータとなり、また、個々の職員や管理職員・チームリーダーの職場研修に対する取り組みや関心度、問題点等を把握する貴重な資料となります。【図表80】参照

2 関係者に報告し、記録を保存します

● 研修の評価・確認、処置・フォローについては、１年間の活動を「年度研修実績」としてまとめ、経営者に報告するとともに、記録して保存しておくことが重要です。関係する管理職員やチームリーダー等にもフィードバックすることが求められます。研修担当者としては、年度実績を踏まえて、中長期的視点で研修管理を行うことが大切です。

【図表78】年度研修計画評価・確認のチェックポイント（記入例）

□ ① 年度研修計画は、職場研修の理念や方針にリンクしたものであったか。

□ ② 研修ニーズは多面的に把握されていたか。

□ ③ 年度研修計画の重点テーマ、重点施策は妥当なものであったか。

□ ④ 年度研修計画のスケジュールは妥当であったか。

□ ⑤ 他の事業計画と研修計画との関連性は十分であったか。

□ ⑥ 年度研修計画の浸透度は十分であったか。

□ ⑦ 経営トップの研修活動に対する理解と協力は十分であったか。

□ ⑧ 管理職員やチームリーダーの研修活動への協力は十分であったか。

□ ⑨ 職員は、研修にすすんで参加しようとしていたか。

□ ⑩ 研修活動の内容や施策に偏りはなかったか。

□ ⑪ OJT の推進施策は十分であったか。

□ ⑫ OFF-JT の推進施策は十分であったか。

□ ⑬ SDS の推進施策は十分であったか。

□ ⑭ 研修活動の内容は、受講者（対象職員）に満足されたか。

□ ⑮ 研修活動の成果は、組織の活性化や利用者サービスの改善等につながっているか。

□ ⑯ 研修の運営は適切に行われたか。

□ ⑰ 研修の環境に問題はなかった。

□ ⑱ 研修活動が関係者に迷惑をかけることはなかったか。

□ ⑲ 予算面や支出面に問題はなかったか。

□ ⑳ 研修システムに改善すべき点はないか。

実践編 ● 第6章 職場研修を評価し、フォローする | 109

【図表 79】職場研修計画・評価シート（記入例）

○年度　職場研修計画・評価シート

施設長			●計画決済　　年　　月　　日
担当			●評価決裁　　年　　月　　日

1．職場研修の理念・方針

＜当施設における人材育成の考え方＞
(1) サービスの質の向上と効率性の確保、健全な経営基盤の確立に貢献する。
(2) 法人の理念・サービス目標、年度方針の周知、徹底を図る。
(3) 大切にしたい価値観、期待する職員像の理解、体現を促進する。
(4) 職員のキャリアパスを支援、チームケアの質の向上をめざす。
(5) 人事考課・面接制度と連携し、人材育成をめざす。

2．今年度の研修課題・ニーズ分析

＜前年度の評価・確認から＞
・人材確保・定着のため人事制度と連動した指導支援の強化が課題である。
・初任者に対する「OJT リーダー」の資質向上が必要である。
・法人の理念・大切にしたい価値観の更なる周知・徹底が必要である。

＜今年度の研修ニーズから＞
・キャリアステージに応じたキャリアアップ支援が必要である。
・認知症に対する理解と対応スキルの向上が必要である。
・メンタルヘルス、健康の自己管理意識の向上が必要である。

3．今年度研修の重点テーマ・目標

(1) 職員のキャリアパスに対応した階層別研修の再構築を図る。
(2) 法人理念及び年度方針の周知と共有をめざす法人全体研修を実施する。
(3) メンタルヘルス・腰痛予防マニュアル作成と周知・共有化を図る。
(4) 認知症について学び合う場を創設する。

4．今年度の具体的研修計画（メニュー一覧）

(1) OJT の推進
　①ケースカンファレンス等を活用し、認知症の理解と対応スキルの向上を図る。
　②全職員を対象に「生涯研修（キャリアアップ）計画」を策定し、育成面接を実施する。
　③OJT リーダーに対し、マニュアルに基づく指導を行う。
(2) OFF−JT の推進
　①職場内 OFF-JT
　　・研修体系に基づく階層別研修の実施
　　　（とくに、OJT リーダー研修、メンタルヘルス研修）
　　・研修体系に基づく専門研修の実施（別途リスト参照）
　②職場外 OFF-JT
　　・福祉職員キャリアパス対応生涯研修課程への派遣（各階層）
　　・その他、派遣研修の実施（別途リスト参照）
(3) SDS の推進
　①SDS の公募制を導入する（4 月）
　②実践研究・発表会への自主的参加の奨励支援
　③専門資格取得の奨励支援（面接及び環境整備）
　④その他、自主的研修会参加等の奨励支援

5．職場研修の年間スケジュール表（別紙）

6．重点テーマ・目標の評価・確認

＜中間＞
・「重点テーマ・目標」のうち、(1) および (2) については計画通り進捗しているが、他の 2 項目は、下期の課題である。
・職員の関心は高い。

＜期末＞
・4 項目ともほぼ目標を達成した。
・(1) については、今後中堅職員層の計画的な派遣が必要である。
・(2)(3)(4) については、次年度以降も継続し、レベルアップが期待される

7．具体的研修計画の評価・確認

＜中間＞
・各職場とも認知症を OJT の重点テーマとして積極的な取組みがあった。（理解と関心の高まりが見られる）
・昨年度に引き続き「福祉職員キャリアパス対応生涯研修課程」への派遣は有意義であり、直属上司から積極的に評価する声が多数寄せられている。
・「OJT リーダー」マニュアル、「OJT リーダー」研修と好評であった。
・SDS の公募制は予想以上の反響であった。

＜期末＞
・全般的には、ほぼ計画を達成できた。
・とくに、SDS の公募制度を発足させたことは大きい成果である。
・OJT の一環としてのケースカンファレンスもチームリーダー層の積極的参加で充実した。
・「生涯研修（キャリアアップ）計画」は実施したが、その成果は今後の課題である。
・SDS の予算枠を広げたいと思う。

【図表80】個人研修（OJT）計画・評価シート（記入例）

モデルシート

年度　職場研修計画・評価シート

| 施設長 | | | ●計画決済　　年　月　日 |
| 担当 | | | ●評価決裁　　年　月　日 |

1．職場研修の理念・方針	2．今年度の研修課題・ニーズ分析

3．今年度研修の重点テーマ・目標	4．今年度の具体的研修計画（メニュー一覧）

5．職場研修の年間スケジュール表（別紙）

6．重点テーマ・目標の評価・確認	7．具体的研修計画の評価・確認

モデルシート

年度　職場研修年間スケジュール表

「職場研修計画・評価シート」別紙

■＝今年度の重点テーマ

	OJT	OFF-JT		SDS	
		職場内	職場外	職場内	職場外
4					
5					
6					
7					
8					
9					
10					
11					
12					
1					
2					
3					

「職場研修計画・評価シート」別紙

■＝今年度の重点テーマ

モデルシート

年度　個人研修（OJT）計画・評価シート

本 人 氏 名		施設長	
上 司 氏 名		担当	
計画決済日		評価決済日	

1．今年度の研修課題・ニーズ分析

2．今年度の重点テーマと目標（上司と面談の上、設定する）

3．具体的研修計画（機会・方法と支援策）

4．年間研修スケジュール

4月	5月	6月	7月	8月	9月	10月	11月	12月	1月	2月	3月

5．今年度の重点テーマと目標の評価・確認（期末）

本人評価：

上司評価：

本人評価：

上司評価：

本人評価：

上司評価：

6．具体的研修計画の評価・確認（期末）

＜本人評価＞

＜上司評価＞

モデルシート

生涯研修(キャリアアップ)計画シート

本 人 氏 名		施設長	担当
上 司 氏 名			
作成年月日		次期改定予定	

1. 現在までに担当した主な業務

職種(年代順)	時期	年数

2. 最も成果をあげたと思う業務

業務名(年代順)	いつ	どこで	どのような点で

3. 最も自分の能力を伸ばしたと思う業種

業務名(年代順)	いつ	どこで	どのような点で

4. これまでの自己啓発(研修)の実績

職場内外で受講した研修	取得した資格

OJTで上司 (先輩) から学んだ内容

5. 自分の強み(長所・持ち味)と弱み(短所・不得意)

どんな強み	仕事への活用状況	どんな弱み	対処・改善の状況

6. 職場の将来ビジョン (職場の課題や将来像を考えてみる)

7. 本人の将来ビジョン (本人のめざす方向を考えてみる)

8. 本人の能力開発プラン

	能力開発の課題 (資格取得等含む)	取得方法(①OJT、②OFF-JT、③SDS等)
短期(1〜2年)	別掲(個人研修(OJT)計画・評価シート)	
中期(3〜5年)		
長期(6〜10年)		

9.計画についてのコメント

本人	
上司	
施設長	

115

改訂 福祉の「職場研修」マニュアル
～福祉人材育成のための実践手引き～

発 行	1995年9月18日　初版第1刷
	2013年8月29日　初版第14刷
	2016年6月1日　改訂第1版第1刷
	2020年4月8日　改訂第1版第3刷
監 修	宮崎民雄
編 集	全国社会福祉協議会
発行者	笹尾　勝
発行所	社会福祉法人 全国社会福祉協議会
	〒100-8980　東京都千代田区霞が関3-3-2　新霞が関ビル
	TEL （03)3581-9511　振替　00160-5-38440
定 価	本体 1,300円（税別）
印刷所	株式会社 加藤文明社

ISBN 978-4-7935-1208-7 C2036　¥1300E

この本は、独立行政法人福祉医療機構（旧：社会福祉・医療事業団（長寿社会福祉基金））
の助成によりまとめた報告書を改訂し、増刷したものです。